Simone Gutacker

Gesammelte Predigten Band IV

Simone Gutacker

Gesammelte Predigten Band IV

10. Sonntag nach Trinitatis bis Kirchenjahresende

Fromm Verlag

Impressum / Imprint
Bibliografische Information der Deutschen Nationalbibliothek: Die Deutsche Nationalbibliothek verzeichnet diese Publikation in der Deutschen Nationalbibliografie; detaillierte bibliografische Daten sind im Internet über http://dnb.d-nb.de abrufbar.

Bibliographic information published by the Deutsche Nationalbibliothek: The Deutsche Nationalbibliothek lists this publication in the Deutsche Nationalbibliografie; detailed bibliographic data are available in the Internet at http://dnb.d-nb.de.

Verlag / Publisher:
Fromm Verlag
ist ein Imprint der / is a trademark of
OmniScriptum GmbH & Co. KG
Heinrich-Böcking-Str. 6-8, 66121 Saarbrücken, Deutschland / Germany
Email: info@frommverlag.de

Herstellung: siehe letzte Seite /
Printed at: see last page
ISBN: 978-3-8416-0444-6

Inhaltsverzeichnis:

(1)10. Sonntag nach Trinitatis / Israel-Sonntag[1]:

Exodus 19,1-6: Ankunft am Sinai. Das Bundesangebot Gottes

Gnade sei mit uns und Friede von Gott unserem Vater und dem Herrn Jesus Christus. Amen.

Liebe Gemeinde.

Heute ist „Israel-Sonntag“. Heute soll des Volkes Israel gedacht werden. Bereits der Wochenspruch aus Psalm 33,12 weist uns darauf hin:

Wohl dem Volk, dessen Gott der HERR ist, dem Volk, das er zum Erbe erwählt hat![2]

Dieses Thema der „Erwählung“ sorgte lange Zeit für Nachdenklichkeit. Sind einzelne erwählt? Wie kann ein ganzes Volk erwählt sein? Sind andere nicht erwählt, gar verworfen? Wir alle wissen um die Missverständnisse, für die dieses Thema der Erwählung gesorgt hat, wir kennen die leidvolle Geschichte, die sich im Kampf um die Erwähltheit zwischen Menschen, insbesondere zwischen Juden und Christen, abgespielt hat. Um dieses anscheinend heikle Thema der Erwählung dreht sich auch der heutige Predigttext. Er steht im Alten Testament, im 2. Buch des Mose, dem sogenannten Buch „Exodus“, das sich hauptsächlich mit dem „Auszug“ des Volkes Israel aus Ägyptenland beschäftigt. (Exodus ist lateinisch und heißt übersetzt eben „Auszug“ - und meint den Auszug aus der Knechtschaft in die Freiheit.) Ich lese den Predigttext aus 2. Mose 19, die Verse 1 bis 6:

---

[1] (31.7.2005)

[2] Lutherbibel, revidierter Text 1984, durchgesehene Ausgabe, © 1999 Deutsche Bibelgesellschaft, Stuttgart.

Am ersten Tag des dritten Monats nach dem Auszug der Israeliten aus Ägyptenland, genau auf den Tag, kamen sie in die Wüste Sinai. Denn sie waren ausgezogen von Refidim und kamen in die Wüste Sinai und lagerten sich dort in der Wüste gegenüber dem Berge. Und Mose stieg hinauf zu Gott. Und der HERR rief ihm vom Berge zu und sprach: So sollst du sagen zu dem Hause Jakob und den Israeliten verkündigen: Ihr habt gesehen, was ich mit den Ägyptern getan habe und wie ich euch getragen habe auf Adlerflügeln und euch zu mir gebracht. Werdet ihr nun meiner Stimme gehorchen und meinen Bund halten, so sollt ihr mein Eigentum sein vor allen Völkern; denn die ganze Erde ist mein. Und ihr sollt mir ein Königreich von Priestern und ein heiliges Volk sein. Das sind die Worte, die du den Israeliten sagen sollst.[3]

Dieser Text wird im Judentum genau auf den Tag jährlich am Wochenfest gelesen, dann, wenn wir unser Pfingstfest feiern. Dieser Text dient gleichsam der Erinnerung „des Hauses Jakob“ an Gottes Rettungstat, an die Befreiung „der Söhne Israels“ aus der Zeit ihrer Knechtschaft in Ägypten, an den Zug der Israeliten durch das rote Meer, daran, dass Gott, der Herr, sie gleichermaßen „auf Adlerflügeln“ getragen hat, um sie zu erretten. Doch dieser Text erinnert eben nicht nur an „Höhenflüge“ auf „Adlerfittichen“, nicht nur an Erhabenheiten und Erhebungen, „Überflügelungen“, dieser Text ist nicht dazu geeignet, Gefühle der Überheblichkeit zu pflegen – im Gegenteil: Dieser Text erinnert einzig und allein an Gottes ausschließliche Erhabenheit. Gott ist der, der trägt, Gott ist der Herr, er allein errettet, er allein erwählt. Einzig er thront auf dem Berg, das Volk Israel hingegen lagert in der Wüste. Und nur Mose allein wagt den Aufstieg hinauf auf den Berg, hinauf zur Gottheit. Dorthin, wo er eine akustische Vision, eine „Audition“ empfangen wird. Der Herr ruft ihm vom Berg her(ab) zu. Mose stellt den Mittler dar, der die Weisungen des Herrn entgegennimmt und sie seinem Volk mitzuteilen beauftragt ist. Wir

[3] Lutherbibel, revidierter Text 1984, durchgesehene Ausgabe, © 1999 Deutsche Bibelgesellschaft, Stuttgart.

werden in dieser Geschichte Zeugen eines Offenbarungsgeschehens. Gott offenbart seinen Willen, Gott offenbart seine Erwählung. Doch verteilt Gott seine Erwählung nicht wie Schleuderware, er vergibt keine billige Gnade, sondern er verknüpft diese Erwählung mit gewissen Ansprüchen. Er erhebt Anspruch auf das Haus Jakobs, er will sich mit ihnen verbinden / verbünden, er will mit ihnen einen Bund schließen / ein Bündnis eingehen. Nun, da er sie aus Ägyptenland befreit und sie durch alle Bedrohungen heil zum Ziel, heil zu sich geführt hat, dürfen sie erstmals wieder auch zu sich kommen. Nach einem Vierteljahr der Wanderung, der Auswanderung und Flucht aus Ägypten, nach zwölf Wochen der Entbehrung und des Unterwegseins, nach drei Monaten, „in der dritten Mondneuung“, kommen sie erstmalig noch einmal zur Ruhe. Über dem Sinai blieb die Wolke stehen, ihr Ziel war erreicht, sie durften sich niederlassen. So schlagen sie ihr Lager auf und lagern gegenüber vom Berg, in der Wüste Sinai. Hier dürfen sie innehalten, hier finden sie Zeit, mitten in der Wüste, um nachzusinnen. Hier dürfen sie Revue passieren lassen, wie Gott sie bewahrt hat, wie Gott sie bis hierher gebracht hat. Hier sollen sie gewahr werden, dass Gott sie zu sich führen wollte und dass Gott Weiteres für sie bereit hält. Gott will sie nun eben nicht, nach erfolgter Rettung, sich selbst überlassen, sondern sie in das weitere Geschehen mit einbeziehen, einbinden in den großen Bund, für den er sie bestimmt hat. Er fordert sie auf:

1) „Und jetzt, hört ihr, hört auf meine Stimme!“ Sie sollen seiner Stimme Gehör schenken, auf ihn hören, ihn erhören, ihm gehorchen, ihm allein gehorsam sein. Dies ist der erste absolute Anspruch Gottes an bzw. auf die, die ihm angehören wollen.

2) „Wahrt meinen Bund!“ Bewahrt mein Bündnis, haltet es ein. Bleibt darin gebunden, lasst nicht davon ab. Zerbrecht dieses Bündnis nicht. So lautet die zweite Bedingung Gottes an die, die er an sich binden will.

3) „Ihr werdet mein Eigentum sein!“ Sie schenken ihm nicht nur akustisch ihr Ohr, ihr Gehör, sie sollen ihm ganz gehören, sie gehen in seinen Besitz über,

sie gehören nicht mehr sich selbst, sie sind ganz Gott zu eigen. Nur Gott ist ihr Herr, niemand sonst.

4) „Mir gehört die ganze Erde!“ Alles ist Gott untertan, sein ist das gesamte Erdenland. Er ist der Schöpfer von Himmel und von der Erde. Er hat alles geschaffen, er hat Alles aus dem Nichts hervorgerufen. Und sein Ruf findet, seinem Ruf folgt alles Gehör. Ihm gehört alles. Sogar das ganze Erd-Reich.

5) „Ihr sollt mir werden ein Reich von Priestern!“ Ich habe euch dazu geschaffen, dass ihr mir beistehen sollt. Ihr sollt dienend vor mir stehen, bereit sein, mir zu dienen. Eure Macht und Würde besteht darin, in meiner Bereitschaft dienend tätig zu sein. Darin seid ihr Priester, das ist eure hingebungsvolle Aufgabe.

6) „Ihr sollt mir gehören als ein heiliger Stamm!“ Ihr seid ein Stamm, ihr stammt letztlich von einem Stammvater ab. Ihr sollt mir ein heiliger Stamm sein: glänzend, strahlend und rein. Ihr seid der mir geweihte Stamm. Als solcher sollt ihr mir gehören.

7) Dieses Hören auf Gottes Stimme, die Bewahrung von Gottes Bund, dieses Gottes Eigentum Sein, das ihm Gehören, ihm dienend bereit stehen und ihm geweiht sein, bedeutet die Erwählung Gottes, Anspruch und Verheißung zugleich. Hüten wir uns davor, diesen Anspruch, diese „Erwählung“ jemandem zu neiden. Diese Erwählung ist gleichsam ein Absolutheitsanspruch auf das gesamte Leben, eine völlige Inbesitznahme, eine Vereinnahmung Gottes, komplette Hingabe an Gott. So, wie es uns im Buch Exodus berichtet wird, tut Gott seinen Bundes-Plan kund und das Volk Israel nimmt diesen Bundes-Plan an. Gott verdammt also niemanden dazu, diesen absoluten Bund einzugehen, sondern er macht dieses Angebot, auf welches dem Bundespartner zu antworten, in dessen (alleiniger) Verantwortung steht. Und auch der Bruch des Bundes ist, wie wir im Buch Exodus erfahren können, nicht gleich eine Todesverdammnis. Nach dem Bundesschluss fällt Israel von Gott ab und tanzt voller Ekstase um ein goldenes Kalb. Doch Gott erweist sich als ein gnädiger und barmherziger Gott, der diesen Abfall nachsieht und bereit ist zu

einer Erneuerung des Bundes. Wie oft will und wird Gott wohl mit uns Menschen ein Nachsehen haben (müssen)? Wir jedenfalls dürfen bekennen, gemeinsam mit Israel, auf einen neuen Himmel und eine neue Erde zu warten.

Und der Friede Gottes, der höher ist als all unsere menschliche Vernunft bewahre unsere Herzen und Sinne in Christus Jesus. Amen.

(2)11. Sonntag nach Trinitatis[4]: Matthäus 21,28-32: Die ungleichen Söhne

Gnade sei mit uns und Friede von Gott unserem Vater und unserem Herrn Jesus Christus. Amen.

Liebe Gemeinde!

Der bereits gelesene Wochenspruch aus dem ersten Petrusbrief, Kapitel 5, Vers 5b lautete:

Gott widersteht den Hochmütigen, aber den Demütigen gibt er Gnade.[5]

Dies erweist sich auch im heutigen Predigttext als zutreffend. Hier ist es Jesus, der den Hochmütigen zu widerstehen vermag und den Demütigen Gnade gibt. Ähnlich wie wir in der Evangelienlesung aus Lukas 18, Vers 14b soeben hörten:

Denn wer sich selbst erhöht, der wird erniedrigt werden; und wer sich selbst erniedrigt, der wird erhöht werden.[6]

---

[4] (7.8.2005)
[5] Lutherbibel, revidierter Text 1984, durchgesehene Ausgabe, © 1999 Deutsche Bibelgesellschaft, Stuttgart.

So lese ich nun den Predigttext für den heutigen Sonntag, aus dem Evangelium des Matthäus, Kapitel 21, die Verse 23 bis 32:

Und als er in den Tempel kam und lehrte, traten die Hohenpriester und die Ältesten des Volkes zu ihm und fragten: Aus welcher Vollmacht tust du das, und wer hat dir diese Vollmacht gegeben? Jesus aber antwortete und sprach zu ihnen: Ich will euch auch eine Sache fragen; wenn ihr mir die sagt, will ich euch auch sagen, aus welcher Vollmacht ich das tue. Woher war die Taufe des Johannes? War sie vom Himmel oder von den Menschen? Da bedachten sie's bei sich selbst und sprachen: Sagen wir, sie war vom Himmel, so wird er zu uns sagen: Warum habt ihr ihm dann nicht geglaubt? Sagen wir aber, sie war von Menschen, so müssen wir uns vor dem Volk fürchten, denn sie halten alle Johannes für einen Propheten. Und sie antworteten Jesus und sprachen: Wir wissen's nicht. Da sprach er zu ihnen: So sage ich euch auch nicht, aus welcher Vollmacht ich das tue. Was meint ihr aber? Es hatte ein Mann zwei Söhne und ging zu dem ersten und sprach: Mein Sohn, geh hin und arbeite heute im Weinberg. Er antwortete aber und sprach: Nein, ich will nicht. Danach reute es ihn, und er ging hin. Und der Vater ging zum zweiten Sohn und sagte dasselbe. Der aber antwortete und sprach: Ja, Herr! und ging nicht hin. Wer von den beiden hat des Vaters Willen getan? Sie antworteten: Der erste. Jesus sprach zu ihnen: Wahrlich, ich sage euch: Die Zöllner und Huren kommen eher ins Reich Gottes als ihr. Denn Johannes kam zu euch und lehrte euch den rechten Weg, und ihr glaubtet ihm nicht; aber die Zöllner und Huren glaubten ihm. Und obwohl ihr's saht, tatet ihr dennoch nicht Buße, sodass ihr ihm dann auch geglaubt hättet.[7]

---

[6] Lutherbibel, revidierter Text 1984, durchgesehene Ausgabe, © 1999 Deutsche Bibelgesellschaft, Stuttgart.
[7] Lutherbibel, revidierter Text 1984, durchgesehene Ausgabe, © 1999 Deutsche Bibelgesellschaft, Stuttgart.

Wir haben es hier mit einem langen und komplexen Predigttext zu tun. Zusammenfassend gesagt, handelt es sich um ein Streitgespräch Jesu mit den Hohenpriestern und Ältesten des Volkes. Diese kommen in den Tempel, in dem Jesus lehrt. Die Obersten der Kirchenbehörde kommen sozusagen mitten in einen Gottesdienst und stellen den Prediger gewaltig auf die Probe. [Eine Art „Kirchenvisitation“ aus früheren Zeiten?] Nach dem Bericht des Matthäus hat Jesus gerade erst in Jerusalem Einzug gehalten, dann als allererstes den Tempel gereinigt, anschließend am nächsten Morgen einen Feigenbaum verdorren lassen, um nun in eben dem gereinigten Tempel den Jerusalemern eine erste bzw. weitere Lehrprobe zu geben. Und schon hat sich dieser, sein Einzug in die Stadt, bis zu den den Hohenpriestern herumgesprochen – schon hat sich seine Lehre bis zu den Ältesten des Volkes [bis vor die „Quasi-Presbyter“] verbreitet, sodass jetzt bereits, am zweiten Tag seines Aufenthaltes in der Stadt Jerusalem, (nach nur einer Nacht, die er nicht einmal in der Stadt, sondern in Betanien verbrachte,) das Glaubensverhör Jesu seinen Anfang nimmt. „Aus welcher Vollmacht tust du das? Und wer hat dir diese Vollmacht gegeben?“ So lauten die versucherischen Anfragen an den lehrenden Jesus. Und Jesus durchschaut die vermeintliche Schläue der Fragestellenden. Er weiß um das Ziel dieser Fangfragen und Fallstricke. Den ehrwürdigen Hohenpriestern und Volksältesten geht es nicht um Jesu Anerkennung, sie fragen nicht aus Interesse an Jesu Herkunft oder Fähigkeiten, es geht ihnen darum, Jesus zu Fall zu bringen. Ihre Fragen sollen Jesus schachmatt setzen, ihn zumindest in eine ausweglose Zwick-Mühle bringen, so dass sie, die klugen Schriftkundigen, als Sieger aus dem Fragequiz hervorgehen können und Jesus sich vor aller Leute Augen und Ohren als Verlierer und ihnen Unterlegener offenbart. Doch er kennt ihre heimtückischen Tricks und ist (noch) nicht bereit, in die ihm von ihnen aufgestellten Fett-Näpfchen zu treten. Auf die Antwort a) „ich lehre aus meiner eigenen Vollmacht“ stünde zumindest ein Lehrzuchtverfahren und anschließendes Lehrverbot, auf die Antwort b) „Gott, mein Vater im Himmel, gab mir diese

Vollmacht“ stünde die tödliche Strafe der Gotteslästerung. Doch noch ist die Zeit nicht reif für seine finale Hinrichtung. Noch lässt er sich nicht ans Kreuz nageln bzw. am Kreuz festnageln. Noch unterliegt er nicht der letzten Ausweglosigkeit in Gottverlassenheit. Noch fährt er seine Ausweichmanöver, noch gibt er die Enge, in die er getrieben werden soll, zurück an die Treiber und stellt dieselben, Hohenpriester und Älteste, in ihre eigene Sackgasse. Er verhandelt mit ihnen: „Ich will euch auch eine Sache fragen; wenn ihr mit die sagt, will ich euch auch sagen, aus welcher Vollmacht ich das tue. Woher war die Taufe des Johannes? War sie vom Himmel oder von den Menschen?“ Jesus weitet dieses von ihnen begonnene Frage-Antwort-Spiel aus, nach dem Motto: ihr stellt mir eine Frage? Nun gut, ich stell´ euch auch eine. Wisst ihr diese zu beantworten, verrat´ ich euch auch meine Antwort. Okay? Und die Hohenpriester und Ältesten, die ja tatsächlich schlau sind, verstehen diese Revanche. Sie ahnen, dass ihre Antwort auf Jesu Frage zugleich der Antwort Jesu auf ihre Frage entspricht. Sie wissen, dass sie sich sozusagen nun ihre eigene Frage selbst zu beantworten verdammt sind. Und schon werden wir Zeuge ihrer cleveren Hintergedanken und ihres Selbst-Verrats. Sie verstricken sich in ihren eigenen Zwiespältigkeiten und verheddern sich in ihren Fanggarnen. Hin und her erwägen sie ihren Ausweg aus ihrer eigenen Heimtücke, sie bedenken bei sich selbst: „Sagen wir, sie war vom Himmel, so wird er zu uns sagen: Warum habt ihr dann nicht geglaubt? Sagen wir aber, sie war von Menschen, so müssen wir uns vor dem Volk fürchten, denn sie halten alle Johannes für einen Propheten.“

Ja, die Hohenpriester und Ältesten sind wahrhaftig gerissen. Sie bedenken gleich alles im Voraus und ziehen jede Möglichkeit mit in Erwägung. Sogar das Volk wird mitbedacht: Sie fürchten sich vor dem Volk. Genauer gesagt fürchten sie sich vor dem Glauben des Volkes, zu Recht. Sie wissen um den Glauben des Volkes (eben dass dieses Volk Johannes für einen Propheten hält), wie sie auch um den Zusammenhang von Johannes und Jesus wissen. Und sie wissen treff- und zielsicher um das zentrale Thema dieser Debatte:

Es geht um den Glauben! Somit wissen sie auch um die fragende Anklage, die da lautet: warum habt ihr nicht geglaubt? Sie wissen, dass sie sich dem Glauben gegenüber verschlossen halten. Um dieser Anklage durch Jesus mitten im Tempel, in ihrem Herrschaftsrefugium, vor aller Volkes-Leute Ohren und Augen, zu entgehen, flüchten sie sich in vorgetäuschte scheinheilige Unwissenheit und Verantwortungslosigkeit. Ihre unverantwortliche Antwort lautet: „Wir wissen´s nicht." Doch ebenso, wie sie selbst wissen, dass dieses Nichtwissen nicht der Wahrheit entspricht, weiß auch Jesus, dass diese Antwort vorgetäuschter Unwissenheit einer Falschaussage gleichkommt. Den Hohenpriestern und Ältesten ist es gelungen, sich vor den Augen und Ohren des Volkes, vielleicht sogar vor ihren eigenen, bedeckt zu halten, sich nicht die Blöße gegeben zu haben, zumindest nicht in der Hinsicht, was ihren selbst-entdeckten Unglauben angeht. In ihrer Unwissenheit alleine haben sie sich jedoch bereits vor ihrem glaubensuntertänigen Volk kräftig blamiert. So lautet das Ende des von ihnen arrogant herbeigeführten Spieles „Eins zu Null" für Jesus, was er ihnen kurz und deutlich folgendermaßen mitteilt: „So sage ich euch auch nicht, aus welcher Vollmacht ich das tue." Doch mit dieser Blamage allein lässt Jesus die Hohenpriester und Ältesten noch nicht davonkommen. Er vermag es, ihrer unbeholfenen Unwissenheit ein wenig auf die Sprünge zu helfen. Er hilft ihnen tatsächlich weiter, in dem er ihnen etwas Anschauliches vor Augen hält. Er erzählt ihnen das sogenannte „Gleichnis von den ungleichen Söhnen", bittet sie vorher um ihre Meinung und um ihre erneute Aufmerksamkeit, indem er sie fragt: „Was meint ihr aber?" Indem Jesus jetzt das Gleichnis erzählt, hat er die Hohenpriester und Ältesten, die ursprünglich gekommen waren, ihn zu Fall zu bringen, erfolgreich mit einbezogen in das Tempelgeschehen, hat sie statt zu Anklägern und sich zum Angeklagten werden zu lassen, zu Zuhörern seiner Lehre gemacht, sodass er nun, nach der Behebung der erfolgten Störung, in seiner begonnenen Lehre im Tempel fortfahren kann. Nachdem er sich auf ihre abwegigen Stolperpfade eingelassen hat und sie selbst zum Stolpern brachte, hilft er ihnen jetzt wieder auf und führt sie auf eine andere Bahn. Die gleichnishafte Bildgeschichte Jesu lautet: „Es hatte ein Mann zwei Söhne und ging zu dem ersten und sprach: `Mein Sohn, geh hin und arbeite heute im Weinberg.´ Er antwortete und sprach: `Nein, ich will nicht.´ Danach reute es ihn, und er ging hin. Und der Vater ging zum zweiten Sohn und sagte dasselbe. Der aber antwortete und sprach: `Ja, Herr!´ und ging nicht hin." Soweit das Gleichnis Jesu.

Nun sage ich scheinbare Selbst-Verständlichkeiten: Der Wille des Vaters ist offenkundig: er möchte, dass an diesem Tag im Weinberg gearbeitet wird. Er geht zu jedem seiner Söhne einzeln hin und bittet darum, zuerst den ersten, dann den zweiten. Der erste macht von seinem eigenen Willen Gebrauch, er setzt dem Willen des Vaters den eigenen Willen entgegen: Nein! Ich will nicht! Er trifft eine eigene Entscheidung und schleudert seinem Vater ein Nein entgegen. Mit diesem Nein weist er seinen Vater von sich. Erst darauf hin geht der Vater zu seinem zweiten Sohn. (Hätte der erste Sohn des Vaters Bitte bejaht, hätte der Vater den zweiten Sohn vielleicht erst gar nicht bitten müssen.) Er bittet den zweiten Sohn, die Arbeit im Weinberg zu übernehmen, dieser mimt den Gehorsamen, sagt „Ja, Herr!" geht aber gar nicht erst hin. Der Wille des Vaters jedenfalls wird erfüllt: Er wollte, das an diesem Tag im Weinberg gearbeitet wird, und dieses geschieht tatsächlich. Zwar geht nicht der scheinbar Gehorsame, der seinen Vater sogar untertänigst „Herr" nennt. Doch es geht der, der zuerst einmal von seinem Selbstbestimmungsrecht Gebrauch macht, der, nachdem er einmal mutig sein „Nein" geäußert und sein „ich will nicht!" bekundet hatte, von Reue ergriffen wurde, sich eines Besseren besann und sich aufmachte, die Bitte des Vaters zu erfüllen und die aufgetragene Arbeit im Weinberg zu erledigen. Ob der Vater seine Söhne so gut kannte, dass er wusste, welcher wie reagieren würde, bleibt müßige Spekulation. Ob der Vater noch weitere Söhne hatte, die er erst dann (vorsorglich) gefragt, wenn auch der zweite Sohn ihm ein Nein zugesprochen hätte, wissen wir ebenso wenig. Wir wissen nur, dass der Wille des Vaters sich erfüllte, dass dessen Wille geschah.

Gegen Ende des Gleichnisses fragt Jesus nun die Hohenpriester und Ältesten: „Wer von den beiden hat des Vaters Willen getan?“ Die Gedankengänge der Hohenpriester und Ältesten diesmal nicht auf Abwegen verirrt, lassen sie diese Frage Jesu eindeutiger und klarer beantworten als die erste. Sie antworten, wie es augenscheinlich ist: „Der erste.“ Und alsbald erfolgt die Auslegung des Gleichnisses durch Jesus, bzw. die heutige Tempel-Lehre für die Hohenpriester und Schriftgelehrten, die uns an unseren Wochenspruch und die heutige Evangelienlesung erinnert: „Wahrlich ich sage euch: Die Zöllner und Huren kommen eher ins Reich Gottes als ihr. Denn Johannes kam zu euch und lehrte euch den rechten Weg, und ihr glaubtet ihm nicht; aber die Zöllner und Huren glaubten ihm. Und obwohl ihr´s saht, tatet ihr dennoch nicht Buße, sodass ihr ihm dann auch geglaubt hättet.“ Jesus hält den Hohenpriestern und Ältesten den so unerwünschten aber dringend notwendigen Spiegel vor´s Gesicht: Sie müssen sich selbst ins Auge sehen und erkennen, was sie die ganze Zeit ahnten und befürchteten: um ihren Glauben ist es schlecht bestellt. Sie gaukeln sich vor, in Übereinstimmung mit Gottes Willen zu leben und sind doch weit entfernt davon, den richtigen Weg zu gehen. Sie wissen um den Glauben des Volkes, sie kennen den Glauben der Zöllner und Huren, sie kennen die Lehre des Johannes und hören die Lehre Jesu. Aber anstatt sich diesem Glauben zu öffnen, verschließen sie sich in großer Furcht und treiben weiter ihre Ränkespiele. Doch nun, da sie durch Jesus ihren mangelnden Glauben erkennen mussten und durften, die große Enttäuschung in ihrer Selbstgerechtigkeit hinnehmend, sind sie zu eben dem aufgerufen, was auch der erste Sohn durchlebte: „Danach reute es ihn.“ Jesus ermahnt und erinnert sie: Noch ist Zeit, diese erforderliche Buße zu tun. Es gilt endlich hinzugehen und den Willen des Vaters zu tun.

Und der Friede Gottes, der höher ist als all unsere menschliche Vernunft, bewahre unsere Herzen und Sinne in Christus Jesus. Amen.

(3)11. Sonntag nach Trinitatis[8]:

2. Samuel 12,1-15a: Nathans Strafrede

Und der HERR sandte Nathan zu David. Als der zu ihm kam, sprach er zu ihm: Es waren zwei Männer in einer Stadt, der eine reich, der andere arm. Der Reiche hatte sehr viele Schafe und Rinder; aber der Arme hatte nichts als ein einziges kleines Schäflein, das er gekauft hatte. Und er nährte es, dass es groß wurde bei ihm zugleich mit seinen Kindern. Es aß von seinem Bissen und trank aus seinem Becher und schlief in seinem Schoß und er hielt's wie eine Tochter. Als aber zu dem reichen Mann ein Gast kam, brachte er's nicht über sich, von seinen Schafen und Rindern zu nehmen, um dem Gast etwas zuzurichten, der zu ihm gekommen war, sondern er nahm das Schaf des armen Mannes und richtete es dem Mann zu, der zu ihm gekommen war. Da geriet David in großen Zorn über den Mann und sprach zu Nathan: So wahr der HERR lebt: Der Mann ist ein Kind des Todes, der das getan hat! Dazu soll er das Schaf vierfach bezahlen, weil er das getan und sein eigenes geschont hat. Da sprach Nathan zu David: Du bist der Mann! So spricht der HERR, der Gott Israels: Ich habe dich zum König gesalbt über Israel und habe dich errettet aus der Hand Sauls und habe dir deines Herrn Haus gegeben, dazu seine Frauen, und habe dir das Haus Israel und Juda gegeben; und ist das zu wenig, will ich noch dies und das dazutun. Warum hast du denn das Wort des HERRN verachtet, dass du getan hast, was ihm missfiel? Uria, den Hetiter, hast du erschlagen mit dem Schwert, seine Frau hast du dir zur Frau genommen, ihn aber hast du umgebracht durchs Schwert der Ammoniter. Nun, so soll von deinem Hause das Schwert nimmermehr lassen, weil du mich verachtet und die Frau Urias, des Hetiters, genommen hast, dass sie deine Frau sei. So spricht der HERR: Siehe, ich will Unheil über dich kommen lassen aus deinem eigenen Hause und will deine Frauen

[8] (11.8.2002)

nehmen vor deinen Augen und will sie deinem Nächsten geben, dass er bei ihnen liegen soll an der lichten Sonne. Denn du hast's heimlich getan, ich aber will dies tun vor ganz Israel und im Licht der Sonne. Da sprach David zu Nathan: Ich habe gesündigt gegen den HERRN. Nathan sprach zu David: So hat auch der HERR deine Sünde weggenommen; du wirst nicht sterben. Aber weil du die Feinde des HERRN durch diese Sache zum Lästern gebracht hast, wird der Sohn, der dir geboren ist, des Todes sterben. Und Nathan ging heim.[9]

Liebe Gemeinde!

Unser heutiger Predigttext steht im 2. Samuelbuch, Kapitel 12, die Verse 1-15a. In diesem Abschnitt handelt es sich um eine Unterhaltung zwischen König David und seinem Hofpropheten Nathan. Da wir am Dienstag Abend im Predigtvorbereitungskreis feststellen mussten, dass der Text sehr viele Vorkenntnisse voraussetzt, um verstanden werden zu können, möchte ich Ihnen zunächst einmal erzählen, was sich unmittelbar vor der Unterhaltung am Hof Davids zugetragen hat: David lässt gerade einen Krieg führen. Das Land der Ammoniter soll verwüstet und verheert, die Stadt Rabba, das heutige Amman in Jordanien, soll belagert werden. Dazu sendet David den Feldherrn Joab mit seinen Männern und ganz Israel aus, bleibt aber selbst im friedlichen Jerusalem. Eines Abends nun, David liegt schlaflos auf seinem Lager, steht auf, um unruhig auf dem flachen Dach seines Königspalastes auf- und abzugehen und sieht von dort aus im Hof des Nachbarhauses eine Frau, die gerade ein Bad nimmt. Im Text heißt es: Und die Frau war von sehr schöner Gestalt. David findet Gefallen an ihr und will unbedingt wissen, wer diese Frau ist. Schnell lässt er nachforschen und findet sowohl Namen und Herkunft heraus als auch, dass diese Frau eine Verheiratete ist. Sie heißt Bathseba – über-

[9] Lutherbibel, revidierter Text 1984, durchgesehene Ausgabe, © 1999 Deutsche Bibelgesellschaft, Stuttgart.

setzt bedeutet das: „Tochter eines Schwures, Eides, bzw. Fluches." Ihr Vater heißt Eliam – übersetzt: „Gott der Leute" bzw. „Gott ist ein Verwandter". Ihr Mann ist der Hethiter Uria – übersetzt: „Jahwe ist mein Licht und meine Flamme". Weder die Tatsache, dass Bathseba eine verheiratete Frau ist und sowohl ihr Mann als auch ihr Vater unter David Kriegsdienst leisten, noch die Tatsache, dass David über ein eigenes Harem verfügt, vermögen ihn davon abzuhalten, Boten auszusenden, um sich ausgerechnet diese Frau, diese Bathseba, holen zu lassen, mit ihr zu schlafen und sie anschließend wieder nach Hause zu schicken. So weit das kurze abendlich-nächtliche Intermezzo. Doch es bleibt nicht dabei. Bathseba stellt fest, dass sie schwanger ist und lässt David benachrichtigen. Jetzt kommt Davids Reaktion auf die Mitteilung seiner Vaterschaft: Er lässt Uria aus dem Krieg zu sich in den Palast bringen, erkundigt sich bei ihm über den Zustand des Krieges, schickt ihn zum „Kurzurlaub" nach Hause zu seiner Frau und lässt ihm sogar Geschenke nachtragen. Doch Davids Plan schlägt fehl: Uria geht nicht zu seiner Frau. Gehorsam und fromm, wie er ist, hält er sich an das Gebot sexueller Enthaltsamkeit im Krieg, geht zum Eingang des Palastes und übernachtet bei den Wachsoldaten. Noch einmal versucht David, dem Uria ein „Kuckucksei" ins Nest zu legen: Er lädt ihn am folgenden Tag zum Essen an seiner Tafel ein, macht ihn betrunken und schickt ihn nach Hause zu seiner Frau. Doch wiederum legt Uria sich zur Palastwache, um dort zu schlafen. Wenn schon Offiziere und Befehlshaber im freien Feld lagern, will er sich nicht anmaßen, nicht ebenfalls auf bloßem Boden zu übernachten. Nun, da David zweifach nicht vermocht hatte, die vermeintliche Vaterschaft des Uria auf diesen abzuwälzen, kommt er zu einem buchstäblich „todsicheren" Plan: Er schickt Uria wieder zurück in den Krieg und gibt ihm zugleich einen Brief an den Feldherrn Joab mit. Darin steht der Befehl, Uria an die vorderste Kriegsfront zu stellen, dahin, wie es im Text heißt, wo der Kampf am härtesten ist, sich hinter ihm zurückzuziehen, sodass Uria erschlagen werden soll und sterben muss. Da David sich schon nicht eines weiteren Kindes entledigen konnte - er hatte ja bereits genug offizielle eigene Söhne -, wollte er sich des Mannes entledigen, der ihn daran hinderte, eine schöne Frau legal sein Eigen nennen zu dürfen. Und diesmal funktioniert sein Plan: Uria fällt im Kampf gegen die (streitbarsten) gegnerischen Soldaten und stirbt. Bathseba, seine Frau in Jerusalem, hört davon und hält für ihn die Totenklage. Unmittelbar nach der Trauerzeit nimmt David sie zur Frau, holt sie in seinen Palast und sie gebiert ihm einen Sohn. Soweit die Vorgeschichte.

David, sein Name heißt übersetzt: „geliebt, Geliebter", erweist sich in dieser Geschichte im wahrsten Sinne des Wortes als ein Geliebter. Doch nicht als ein Geliebter Gottes, sondern als Geliebter der Bathseba. Ursprünglich war David der Geliebte Gottes: Gott lässt ihn, den jüngsten und fast vergessenen Sohn Isais, ihn, der die Aufgabe hat, Schafe zu hüten, zum König salben. Er, der mit Harfenspiel einen bösen Geist zu vertreiben vermag, soll König von Israel und Stammvater Jesu werden. In unserer Vorgeschichte ist allerdings nicht mehr viel davon zu spüren, dass David der Geliebte Gottes ist. In unserer Geschichte ist David nicht auf Gottes Liebe angewiesen, sondern auf die Liebe einer fremden Frau und auf seine eigene königliche Macht. Er benimmt sich wie ein gewöhnlich-üblicher Machthaber: Er lässt für sich Krieg führen, bleibt jedoch selbst in der gefahrenfreien Zone. Er besitzt ein eigenes Harem, greift aber darüber hinaus auf fremde Frauen über. Er versucht, sich seiner „Brut" zu entledigen und sie einem anderen unterzumogeln. Und als das scheitert, „entsorgt" er mal eben den lästigen Ehemann. So macht er aus einer windigen Affaire folgende vorzeigbare Geschichte: Ein tapferer Kriegsheld fällt im Kampf gegen feindliche Truppen. Die trauernde Witwe hält zu Hause die Totenklage. Nach der Trauerzeit erbarmt sich der König dieser Witwe, ehelicht sie und sie bekommen gemeinsam einen Sohn. Happy End? Doch das fröhlich-scheinende Ende ist nur ein vorläufiges. Denn der eigentliche Predigttext steht noch immer aus. Wir kommen zur angekündigten Unterhaltung zwischen Nathan und David. Nathan heißt übersetzt: „der Gebende bzw. Gott ist der Gebende". Und dieser Nathan, der Prophet, wird von

Gott zu David geschickt, diesem Folgendes mitzuteilen. Ich lese (2. Samuel 12,1-4):

Und der HERR sandte Nathan zu David. Als der zu ihm kam, sprach er zu ihm: Es waren zwei Männer in einer Stadt, der eine reich, der andere arm. Der Reiche hatte sehr viele Schafe und Rinder; aber der Arme hatte nichts als ein einziges kleines Schäflein, das er gekauft hatte. Und er nährte es, dass es groß wurde bei ihm zugleich mit seinen Kindern. Es aß von seinem Bissen und trank aus seinem Becher und schlief in seinem Schoß, und er hielt´s wie eine Tochter. Als aber zu dem reichen Mann ein Gast kam, brachte er´s nicht über sich, von seinen Schafen und Rindern zu nehmen, um dem Gast etwas zuzurichten, der zu ihm gekommen war, sondern er nahm das Schaf des armen Mannes und richtete es dem Mann zu, der zu ihm gekommen war.[10]

So weit Nathans Erzählung. Es ist üblich für einen Propheten, vor dem König zu erscheinen, ihm einen Vorfall zu schildern, der sich ereignet hat, um vom König ein Rechtsurteil zu erbeten, wie in dieser Sache weiter zu agieren sei. Und David reagiert prompt. Er gerät in Zorn und bezichtigt den Mann als „Kind des Todes“! Dazu solle dieser das Schaf vierfach bezahlen. So weit Davids Rechtsurteil. So spontan und zornig er reagiert, so sehr vergreift er sich auch im Urteil (Exodus 21,37):

Wenn jemand ein Rind oder ein Schaf stiehlt und schlachtet´s oder verkauft´s, so soll er fünf Rinder für ein Rind wiedergeben und vier Schafe für ein Schaf.[11]

---

[10] Lutherbibel, revidierter Text 1984, durchgesehene Ausgabe, © 1999 Deutsche Bibelgesellschaft, Stuttgart.
[11] Lutherbibel, revidierter Text 1984, durchgesehene Ausgabe, © 1999 Deutsche Bibelgesellschaft, Stuttgart.

So weit zur Vergeltung eines Schafdiebstahls. Dies wäre das angemessene Urteil für die Entwendung eines Schafes gewesen. Doch weil Nathan den Rechtsfall so dramatisch, voller Anspielungen dargestellt hat, lässt sich David zu einer Überreaktion in der Urteilsfindung hinreißen. Für David ist die Geschichte bereits mit dem Schiedsspruch erledigt. Ähnlich, wie für ihn auch die Geschichte mit Bathseba bereits erledigt ist. Er hat gesprochen. Er hat gehandelt. Weiter geht´s. Doch nicht so für Gott und somit auch nicht so für Nathan. Er hat noch nicht gesprochen und er hat auch noch nicht gehandelt. Gottes Wort erfolgt jetzt durch Nathan. Nathan spricht zu David: Du bist der Mann! Nathan zeigt David ganz klar an, dass beide Geschichten noch nicht erledigt sind. Weder die Geschichte mit dem Diebstahl des einzigen kleinen Schäfleins des armen Mannes, noch die Geschichte mit der Aneignung der einzigen Ehefrau des Hethiters Uria. Nathan stellt David bloß! Er verweist ihn auf sein eigenes gültig gesprochenes Rechtsurteil. Er verdeutlicht David, dass dieser soeben das Urteil über sich selbst gefällt hat. Er spricht deutlich aus, wie es sich mit der Geschichte des reichen und armen Mannes verhält. Und Nathan vermag David sogar aufzuzeigen, inwiefern er der reiche Mann ist. Er spricht zu David (2. Samuel 12,7b-8):

So spricht der HERR, der Gott Israels: Ich habe dich zum König gesalbt über Israel und habe dich errettet aus der Hand Sauls und habe dir deines Herrn Haus gegeben, dazu seine Frauen, und habe dir das Haus Israel und Juda gegeben; und ist das zu wenig, will ich noch dies und das dazutun.[12]

Nathan erinnert David an den Reichtum, den er von Gott erhalten hat. Nathan erinnert David an seine eigene Geschichte: er lebte nicht immer in der Sicherheit des Jerusalemer Königspalastes. Einst war er ein verfolgter Mann, einer, nach dessen Leben man trachtete. Saul, der alte König, war sein Feind

[12] Lutherbibel, revidierter Text 1984, durchgesehene Ausgabe, © 1999 Deutsche Bibelgesellschaft, Stuttgart.

und wollte ihn töten. Doch Gott errettete ihn und gab ihm zudem alles, was einstmals Saul gehörte: dessen Haus, dessen Tochter zur Frau und dessen Harem. Gott gab David ganz Israel und Juda. Und Gott ist sogar bereit, ihm noch mehr zu geben, wenn ihm das Bisherige nicht genügt. Doch Gottes Großzügigkeit gegenüber hat sich David als unwürdig erwiesen. Nathan erinnert ihn noch einmal daran, indem er ihn fragt (2. Samuel 12,9):

Warum hast du denn das Wort des HERRN verachtet, dass du getan hast, was ihm missfiel? Uria, den Hetiter, hast du erschlagen mit dem Schwert, seine Frau hast du dir zur Frau genommen, ihn aber hast du umgebracht durchs Schwert der Ammoniter.[13]

Nathan redet nicht drum herum. Doppelt beschuldigt er David des Totschlags und Mordes an Uria und klagt ihn des Ehebruchs mit Urias Frau Bathseba an. Sowohl Nathan als auch David kennen das Urteil, das auf Mord und Ehebruch steht. Zu Mord und Totschlag heißt es (Genesis 9,6a):

Wer Menschenblut vergießt, dessen Blut soll auch durch Menschen vergossen werden; [...][14]

bzw. (Exodus 21,12):

Wer einen Menschen schlägt, dass er stirbt, der soll des Todes sterben.[15]

Zum Ehebruch heißt es (Levitikus 20,10):

---

[13] Lutherbibel, revidierter Text 1984, durchgesehene Ausgabe, © 1999 Deutsche Bibelgesellschaft, Stuttgart.
[14] Lutherbibel, revidierter Text 1984, durchgesehene Ausgabe, © 1999 Deutsche Bibelgesellschaft, Stuttgart.
[15] Lutherbibel, revidierter Text 1984, durchgesehene Ausgabe, © 1999 Deutsche Bibelgesellschaft, Stuttgart.

Wenn jemand die Ehe bricht mit der Frau seines Nächsten, so sollen beide des Todes sterben, Ehebrecher und Ehebrecherin, weil er mit der Frau seines Nächsten die Ehe gebrochen hat.[16]

Demnach hätte David gleich mehrfach die Todesstrafe verdient und auch Bathseba müsste, als Ehebrecherin, des Todes sterben. Zudem hat David sich ja auch selbst sowohl das Todesurteil gesprochen als auch die vierfache Wiedergutmachung des Gestohlenen am armen Mann. Es folgt Teil 1 des rechtsgültigen Urteilsspruches Gottes durch Nathan (2. Samuel 12,10):

Nun, so soll von deinem Hause das Schwert nimmer lassen, weil du mich verachtet und die Frau Urias, des Hethithers, genommen hast, dass sie deine Frau sei.[17]

Gott hat gesprochen und Gott wird handeln. Viele der Nachkommen Davids werden im weiteren Verlauf der Geschichte durch´s Schwert umkommen und getötet werden (2. Samuel 13,28f.; 18,14; 1. Könige 2,24f; 2. Könige 25,7).
Nun Teil 2 des göttlichen Urteils (2. Samuel 12,11f.):

So spricht der HERR: Siehe, ich will Unheil über dich kommen lassen aus deinem eigenen Hause und will deine Frauen nehmen vor deinen Augen und will sie deinem Nächsten geben, dass er bei ihnen liegen soll an der lichten Sonne. Denn du hast´s heimlich getan, ich aber will dies tun vor ganz Israel und im Licht der Sonne.[18]

---

[16] Lutherbibel, revidierter Text 1984, durchgesehene Ausgabe, © 1999 Deutsche Bibelgesellschaft, Stuttgart.
[17] Lutherbibel, revidierter Text 1984, durchgesehene Ausgabe, © 1999 Deutsche Bibelgesellschaft, Stuttgart.
[18] Lutherbibel, revidierter Text 1984, durchgesehene Ausgabe, © 1999 Deutsche Bibelgesellschaft, Stuttgart.

Und so wird es geschehen: Einer von Davids eigenen Söhnen wird sich im weiteren Geschichtsverlauf an seines Vaters Frauen vergehen vor den Augen ganz Israels (2. Samuel 16,22).
So weit die Rede Nathans. David reagiert auch auf diese Rede Nathans spontan. Doch diesmal nicht zornig, sondern vielmehr besonnen. Ich lese (2. Samuel 12,13a):

Da sprach David zu Nathan: Ich habe gesündigt gegen den HERRN. [...][19]

David bekennt seine Vergehen. David hat sich von seinem Zorn freigemacht und ist zur Einsicht gekommen. Von seiner großen Empörung hat sich David zur Buße hin bewegt. Reumütig stellt er sich bloß und hebt damit sein im Zorn gesprochenes Urteil wieder auf. Nathan hat verstanden, David den Spiegel vorzuhalten. Nathan hat ihn entlarvt und ihn aus seiner Verstricktheit befreit. Nathan hat es vermocht, Davids Gewissen anzusprechen und wiederzuerwecken. Dies ist eine Wieder-Auferstehungsgeschichte des Gerechtigkeitsempfindens Davids. Doch David ist noch nicht fertig. Er hat im Namen Gottes noch etwas zu sagen (2. Samuel 12,13b):

[...] Nathan sprach zu David: So hat auch der HERR deine Sünde weggenommen; du wirst nicht sterben.[20]

Dies klingt wieder nach einem Happy End. Nach einer vermeintlichen Absolution, einer absoluten Lossprechung aller Verfehlungen nach dem Motto „Schwamm drüber“, nun hat er seine Vergehen bekannt, nun sind sie ihm komplett vergeben. Doch ganz so billig kommt er nicht davon. Nathan hat

[19] Lutherbibel, revidierter Text 1984, durchgesehene Ausgabe, © 1999 Deutsche Bibelgesellschaft, Stuttgart.
[20] Lutherbibel, revidierter Text 1984, durchgesehene Ausgabe, © 1999 Deutsche Bibelgesellschaft, Stuttgart.

noch ein Letztes zu sagen, bevor er die Bühne verlässt. Er spricht zu David (2. Samuel 12,14):

Aber weil du die Feinde des HERRN durch diese Sache zum Lästern gebracht hast, wird der Sohn, der dir geboren ist, des Todes sterben.[21]

Und so geschieht es auch: Der Sohn von David und Bathseba, der in unserer Geschichte namenlos bleibt, wird todkrank und, entgegen allem Fasten und Beten Davids, stirbt das Kind nach sieben Tagen. Unsere Geschichte endet lapidar mit dem Satz: Und Nathan ging heim.
Damit ist klar, Nathan, der Hofprophet Davids, hat Gottes Auftrag erfüllt. Er hat David wachgerüttelt aus seiner Machttrunkenheit. David hat einen hohen Preis zahlen müssen: sein Sohn ist tot. Doch hat er auch noch einmal eine Chance erhalten, sich erneut auf Gott zu besinnen und dem Auftrag, den er bereits mit seiner Namengebung erhalten hat, nachzukommen: David, der „Geliebte Gottes" zu sein. So hart es uns auch anmuten mag und so sehr wir am Dienstag Abend daran Anstoß genommen haben, wie gesetzlich-streng uns Gott in diesem Text zu begegnen scheint, wünsche ich uns doch allen, dass einem jeden „sein Nathan" begegnen möge.

Amen!

(4)12. Sonntag nach Trinitatis[22]:
Jesaja 29,17-24: Die große Wandlung. Friedensglück für Israel

Gnade sei mit uns und Friede von Gott unserem Vater und dem Herrn Jesus Christus. Amen.

[21] Lutherbibel, revidierter Text 1984, durchgesehene Ausgabe, © 1999 Deutsche Bibelgesellschaft, Stuttgart.
[22] (14.8.2005)

Liebe Gemeinde.

Im Wochenspruch haben wir ein verheißungsvolles Wort gehört (Jesaja 42,3a):

Das geknickte Rohr wird er nicht zerbrechen und den glimmenden Docht wird er nicht auslöschen.[23]

Gott ist nicht auf der Auslesetour der Besten, Unversehrtesten, Ungebrochenen, der (wie Nietzsche es preist) geknickte Rohre zerbricht und glimmende Dochte auslöscht. Nein, Gott hat die Perspektive der Hoffnung eingenommen, der uns nicht aufgibt, wie „geknickt" wir auch immer sein mögen, der uns nicht auslöscht, wie sehr unsere Lebens-Flamme auch ins Flackern gerät. Gott eröffnet uns einen hoffnungsfrohen Ausblick wider besseres Wissen, über alle Vernunft. So heißt es, ebenfalls bei Jesaja, im Hinblick auf die sich bald erfüllende Verheißung (Jesaja 29,17):

Wohlan, es ist noch eine kleine Weile, so soll der Libanon fruchtbares Land werden, und was jetzt fruchtbares Land ist, soll wie ein Wald werden.[24]

Vielleicht klingt diese Verheißung in unseren Ohren nur deshalb nicht so freudig, weil wir das Wunder nicht hinreichend zu schätzen wissen, das Erstaunliche in diesem Bild nicht verstehen können, da wir schlichtweg zu wenig wissen über den Libanon und die Fruchtbarkeit des Landes. Dazu einige kurze Sätze: Uns ist der Libanon aus der Bibel insofern vertraut, als dass im Alten Testament oft genug dessen wertvolle Bäume gepriesen werden: die

[23] Lutherbibel, revidierter Text 1984, durchgesehene Ausgabe, © 1999 Deutsche Bibelgesellschaft, Stuttgart.
[24] Lutherbibel, revidierter Text 1984, durchgesehene Ausgabe, © 1999 Deutsche Bibelgesellschaft, Stuttgart.

Zypressen des Libanon und vor allem die Zedern des Libanon, die sogar bis nach Ägypten exportiert, und mit denen sowohl der Palast des Salomo als auch die ersten beiden Jerusalemer Tempel erbaut wurden. Auch die assyrischen Könige bauten ihre Paläste vorzugsweise mit den Bäumen des Libanons. Wen wundert´s dass vom einstigen Baumbestand kaum noch etwas enthalten ist, bei der radikalen Abholzung und Rohdung des Libanons. Der Raubbau hat sich gerächt, vom einstigen Waldreichtum blieb nur noch eine karge Landschaft. So können wir bereits eher nachvollziehen, was es bedeutet, wenn exakt in dieser beraubten Ödnis wieder Wald verheißen wird. Übersetzt aus dem Hebräischen bedeutet Libanon `der Weiße´, deshalb, weil die höchsten, 3000 Meter hohen Gipfel des Libanons nahezu ganzjährig mit Schnee bedeckt sind. Mit dem Libanon ist insofern nicht nur die Ebene gemeint, sondern die gesamte Gebirgskette, die sich über 170 Kilometer Länge und 25 Kilometer Breite nördlich des Heiligen Landes erstreckt. Somit erhalten wir eine noch genauere Vorstellung darüber, wie großartig die Verheißung ist, die eben auf diesem ewig schneebedeckten Gebirge eine fruchtbare Landschaft ankündigt, die zu einem Wald werden soll. Diese Verwandlung von verschneiten Gipfeln in einen wunderbaren Garten kommt einer Verheißung von Fruchtbarkeit, Reichtum und Segen gleich, die aus karger Landschaft, Üppiges sprießen und im Überfluss gedeihen lässt, eben wahre Lebensfülle verheißt. Und dies alles in nicht allzu ferner Zeit, in einer „kleinen Weile“. Weiter lautet die Verheißung des Jesaja (Jesaja 29,18):

Zu der Zeit werden die Tauben hören die Worte des Buches, und die Augen der Blinden werden aus Dunkel und Finsternis sehen;[25]

„Zu der Zeit“, in nur noch einer „kleinen Weile“ ereignet sich weiteres, nahezu Unglaubliches. Wir haben unter Umständen bereits so viele von diesen Wun-

[25] Lutherbibel, revidierter Text 1984, durchgesehene Ausgabe, © 1999 Deutsche Bibelgesellschaft, Stuttgart.

dergeschichten (Jesu) gehört, dass es uns nicht mehr als Wunder anmutet, wenn Taube hören, Blinde sehen, Lahme gehen und Gefangene frei werden. Hier hält die Einheitsübersetzung eine erkenntnisreiche Verfremdung für uns bereit, wenn es heißt:

An jenem Tag hören alle, die taub sind, sogar Worte, die nur geschrieben sind, und die Augen der Blinden sehen selbst im Dunkeln und Finstern.[26]

Nicht nur so, wie wir es allzusehr gewohnt sind, dass sich die Ohren der Gehörlosen öffnen, um all das zu hören, was die sogenannten Hörfähigen akustisch wahrnehmen können. Nicht nur eine Verbesserung des Hörapparates ist gemeint, sondern darüber hinaus ein qualitativer Sprung: die Tauben werden sogar solche Worte hören, die nicht einmal ausgesprochen werden müssen, sie hören das, was geschrieben steht. Sie erfassen einen Text bereits mit ihrem Hörsinn. Sie lesen quasi mit den Ohren. Wer von uns kann sich solch einer Begabung rühmen?
Ebenso die Blinden: Sie erhalten nicht nur eine Sichtweise, die derjenigen der Sehenden angeglichen wird. Ihre Sichtweise ist eine von Grund aus neue. Sie sehen, was anderen unersichtlich bleiben muss. Sie sehen in Dunkelheit und Finsternis. Da, wo die \`sehenden´ Augen optisch nichts Augenscheinliches mehr wahrnehmen können, erweist sich das \`Gesicht´ der Blinden. Sie vermögen \`offen-sichtlich´ durch Dunkelheit und Finsternis hindurch sehen zu können. Welch ein Wunder!
Weiter heißt es bei Jesaja (Jesaja 29,19):

[...] und die Elenden werden wieder Freude haben am HERRN, und die Ärmsten unter den Menschen werden fröhlich sein in dem Heiligen Israels.[27]

---

[26] Einheitsübersetzung der Heiligen Schrift
© 1980 Katholische Bibelanstalt, Stuttgart.
[27] Lutherbibel, revidierter Text 1984, durchgesehene Ausgabe, © 1999 Deutsche Bibelgesellschaft, Stuttgart.

Diese Sätze erinnern mich an die Seligpreisungen innerhalb der Bergpredigt Jesu (Matthäus 5,4):

Selig sind, die da Leid tragen; denn sie sollen getröstet werden.[28]

bzw. (Matthäus 5,6):

Selig sind, die da hungert und dürstet nach der Gerechtigkeit; denn sie sollen satt werden.[29]

Die Elenden sollen sich nicht darüber freuen, dass ihnen großzügigerweise eine Kollektensammlung zugedacht ist. Sie sollen wieder zu ihrer Freude finden, an Gott, dem Herrn. Und die Ärmsten der Armen sind nicht deshalb fröhlich, weil sie mildtätig beschenkt werden. Ihre Fröhlichkeit gründet in dem Heiligen Israels, in Gott, ihrem Schöpfer. Die Leidtragenden in dieser Welt, werden Trost erfahren und die sehnsüchtig auf Gerechtigkeit Hoffenden, sollen gesättigt werden. Inwiefern die Gerechtigkeit ihren Einzug halten wird, erfahren wir in den nächsten Versen bei Jesaja.
Dort heißt es (Jesaja 29,20f.):

Denn es wird ein Ende haben mit den Tyrannen und mit den Spöttern aus sein, und es werden vertilgt werden alle, die darauf aus sind, Unheil anzurichten, welche die Leute schuldig sprechen vor Gericht und stellen dem nach, der sie zurechtweist im Tor, und beugen durch Lügen das Recht des Unschuldigen.[30]

---

[28] Lutherbibel, revidierter Text 1984, durchgesehene Ausgabe, © 1999 Deutsche Bibelgesellschaft, Stuttgart.
[29] Lutherbibel, revidierter Text 1984, durchgesehene Ausgabe, © 1999 Deutsche Bibelgesellschaft, Stuttgart.
[30] Lutherbibel, revidierter Text 1984, durchgesehene Ausgabe, © 1999 Deutsche Bibelgesellschaft, Stuttgart.

Die Zeit, in der die Gerechtigkeit Einzug halten wird, wird das Ende sein für alle, die das Recht zu beugen beabsichtigen. Es verschwinden Tyrannen und Unterdrücker, Schurken, Spötter und Lästerer. Erledigt werden alle, die Unheil anrichten und Böses tun wollen. Vertilgt werden alle, die andere mit Falschaussagen verleumden und vor Gericht schuldig sprechen. Ausgerottet sind alle, die dem richtenden Rechtsprecher nachstellen und ihn in Fallen tappen lassen. Es ist das Aus für die, die Unschuldige durch Lügen um sein Recht zu bringen versuchen. Diese Zeit ist das Ende von Ungerechtigkeit und Unaufrichtigkeit. Es wird gerecht gerichtet, zu-Recht-gewiesen und Recht gesprochen. Gerechtigkeit wird walten, alles wird zu Recht gerückt. Aufrichtigkeit wird aufgerichtet.
Weiter heißt es bei Jesaja (Jesaja 29,22f.):

Darum spricht der HERR, der Abraham erlöst hat, zum Hause Jakob: Jakob soll nicht mehr beschämt dastehen, und sein Antlitz soll nicht mehr erblassen. Denn wenn sie sehen werden die Werke meiner Hände - seine Kinder - in ihrer Mitte, werden sie meinen Namen heiligen; sie werden den Heiligen Jakobs heiligen und den Gott Israels fürchten.[31]

Gott der Herr, der bereits Abraham losgekauft und erlöst hat, der wird auch Jakob erlösen. So hat Gott selbst gesprochen und es dem Hause Jakobs zugesagt. Jakob Israel muss sich nicht länger - seines Gottes, seines Glaubens – schämen. Jakob Israel muss nicht länger mit bleichem Gesicht und gesenktem Haupt da stehen. Wenn die Kinder Jakobs, die Kinder Israels die Werke Gottes sehen, die „in ihrer Mitte“ vollbracht werden, werden sie den Namen Gottes heilig halten. Dann werden sie den Gott, der bereits Abraham und Jakob heilig war, als heilig verehren, sich vor dem Gott Jakob Israels er-

[31] Lutherbibel, revidierter Text 1984, durchgesehene Ausgabe, © 1999 Deutsche Bibelgesellschaft, Stuttgart.

schrecken und ihn zu Recht fürchten. Die noch unvollständige Gotteserkenntnis und das noch mangelnde Gottvertrauen wird zu der Zeit vollendet werden. Gott (wird) wieder Einzug in ihrer Mitte halten. Der Heilige (wird) wieder mitten unter ihnen sein. Schließlich lautet es bei Jesaja (Jesaja 29,24):

Und die, welche irren in ihrem Geist, werden Verstand annehmen, und die, welche murren, werden sich belehren lassen.[32]

Alle bis dahin Verirrten und Verwirrten nehmen dann endlich Verstand an. Alle Murrenden und Aufsässigen, lassen sich dann schließlich eines Besseren belehren. Unverständige kommen zu Verstand, Uneinsichtige zur Einsicht, Unvernünftige zur Vernunft.
Auch wenn unser Predigttext bereits über 2 ½ Jahrtausende alt ist, hat seine Verheißung dennoch Gültigkeit. Jesus vermochte zwar vor 2000 Jahren Taube hören und Blinde sehen zu machen. Dennoch ist die Gerechtigkeit, die uns in diesem altüberlieferten Text zugesprochen ist, noch nicht vollgültige Wirklichkeit geworden. Die Aufrichtung des richtig-gerechten Rechtes steht noch aus. Auch die Freude der Elenden am Herrn und die Fröhlichkeit der Ärmsten unter uns Menschen an Gottes Herrlichkeit lassen noch auf sich warten. Noch gibt es genügend Spötter, Verleumder und Tyrannen unter uns und mehr als genügend Murrende und Irrende im Geist. Noch blicken blinde Augen nicht aus Dunkelheit und Finsternis, noch hören taube Ohren nicht die geschriebenen Worte der Schrift. Noch ist der schneebedeckte weiße Libanon kein fruchtbar-grüner Garten, kein groß gewachsener Zedernwald. Noch scheint sich „die kleine Weile“ hinauszuzögern.
Doch wir alle wissen, bei Gott sind „tausend Jahre wie ein Tag“ (vgl. Psalm 90,4 bzw. 2. Petrus 3,8). Wir dürfen gewiss sein, dass die großartige Verhei-

[32] Lutherbibel, revidierter Text 1984, durchgesehene Ausgabe, © 1999 Deutsche Bibelgesellschaft, Stuttgart.

ßung des Jesaja sich erweisen wird, denn unser Gott ist ein Gott der Gnade und der Langmut, für den gilt, wie wir es im Wochenspruch gehört haben (Jesaja 42,3a):

Das geknickte Rohr wird er nicht zerbrechen und den glimmenden Docht wird er nicht auslöschen. [...][33]

Das geknickte Rohr will er aufrichten, den glimmenden Docht wieder zu heller Flamme in strahlendem Licht entfachen.
Zur Erinnerung und Verinnerlichung der gesamten wunderbaren Verheißungsfülle („in unsere Mitte" hinein), lese ich den gesamten Predigttext noch einmal im Zusammenhang. So heißt es also bei Jesaja, Kapitel 29, die Verse 17 bis 24:

Wohlan, es ist noch eine kleine Weile, so soll der Libanon fruchtbares Land werden, und was jetzt fruchtbares Land ist, soll wie ein Wald werden. Zu der Zeit werden die Tauben hören die Worte des Buches, und die Augen der Blinden werden aus Dunkel und Finsternis sehen; und die Elenden werden wieder Freude haben am HERRN, und die Ärmsten unter den Menschen werden fröhlich sein in dem Heiligen Israels. Denn es wird ein Ende haben mit den Tyrannen und mit den Spöttern aus sein, und es werden vertilgt werden alle, die darauf aus sind, Unheil anzurichten, welche die Leute schuldig sprechen vor Gericht und stellen dem nach, der sie zurechtweist im Tor, und beugen durch Lügen das Recht des Unschuldigen. Darum spricht der HERR, der Abraham erlöst hat, zum Hause Jakob: Jakob soll nicht mehr beschämt dastehen, und sein Antlitz soll nicht mehr erblassen. Denn wenn sie sehen werden die Werke meiner Hände - seine Kinder - in ihrer Mitte, werden sie meinen Namen heiligen; sie werden den Heiligen Jakobs heiligen und den

[33] Lutherbibel, revidierter Text 1984, durchgesehene Ausgabe, © 1999 Deutsche Bibelgesellschaft, Stuttgart.

Gott Israels fürchten. Und die, welche irren in ihrem Geist, werden Verstand annehmen, und die, welche murren, werden sich belehren lassen.[34]

Danach dürfen wir Ausschau halten, darauf dürfen wir hoffen. Mit Jakob-Israel erwarten wir einen neuen Himmel und eine neue Erde. Und wir alle achten auf die „Zeichen der Zeit“ und haben ein Auge auf den schneebedeckten weißen Libanon, dass er zu fruchtbarem Land, und fruchtbares Land wie ein Wald werde. „Wohlan, es ist noch eine kleine Weile“!

Und der Friede Gottes, der höher ist als all unsere menschliche Vernunft bewahre unsere Herzen und Sinne in Christus Jesus. Amen.

(5) 18. Sonntag nach Trinitatis[35]: Markus 10,17-24: Der reiche Jüngling

Gnade sei mit uns und Friede von Gott unserem Vater und unserem Herrn Jesus Christus. Amen.

Liebe Gemeinde!

Der Wochenspruch lautet (1. Johannes 4,21):

Und dies Gebot haben wir von ihm, dass wer Gott liebt, dass der auch seinen Bruder liebe.[36]

In der Evangelienlesung haben wir gehört (Markus 12,28-34):

---

[34] Lutherbibel, revidierter Text 1984, durchgesehene Ausgabe, © 1999 Deutsche Bibelgesellschaft, Stuttgart.

[35] (25.9.2005)

[36] Lutherbibel, revidierter Text 1984, durchgesehene Ausgabe, © 1999 Deutsche Bibelgesellschaft, Stuttgart.

Und es trat zu ihm [Jesus] einer von den Schriftgelehrten, der ihnen zugehört hatte, wie sie miteinander stritten. Und als er sah, dass er ihnen gut geantwortet hatte, fragte er ihn: Welches ist das höchste Gebot von allen? Jesus aber antwortete ihm: Das höchste Gebot ist das: „Höre, Israel, der Herr, unser Gott, ist der Herr allein, und du sollst den Herrn, deinen Gott, lieben von ganzem Herzen, von ganzer Seele, von ganzem Gemüt und von allen deinen Kräften“ (5. Mose 6,4-5). Das andre ist dies: „Du sollst deinen Nächsten lieben wie dich selbst“ (3. Mose 19,18). Es ist kein anderes Gebot größer als diese. Und der Schriftgelehrte sprach zu ihm: Meister, du hast wahrhaftig recht geredet! Es ist nur einer, und ist kein anderer außer ihm; und ihn lieben von ganzem Herzen, von ganzem Gemüt und von allen Kräften, und seinen Nächsten lieben wie sich selbst, das ist mehr als alle Brandopfer und Schlachtopfer. Als Jesus aber sah, dass er verständig antwortete, sprach er zu ihm: Du bist nicht fern vom Reich Gottes. Und niemand wagte mehr, ihn zu fragen.[37]

Um Gottes Gebote und um das Reich Gottes geht es auch in unserem heutigen Predigttext. Er steht im Evangelium nach Markus, Kapitel 10, die Verse 17 bis 27:

Und als er [Jesus] sich auf den Weg machte, lief einer herbei, kniete vor ihm nieder und fragte ihn: Guter Meister, was soll ich tun, damit ich das ewige Leben ererbe? Aber Jesus sprach zu ihm: Was nennst du mich gut? Niemand ist gut als Gott allein. Du kennst die Gebote: »Du sollst nicht töten; du sollst nicht ehebrechen; du sollst nicht stehlen; du sollst nicht falsch Zeugnis reden; du sollst niemanden berauben; ehre Vater und Mutter.« Er aber sprach zu ihm: Meister, das habe ich alles gehalten von meiner Jugend auf. Und Jesus

[37] Lutherbibel, revidierter Text 1984, durchgesehene Ausgabe, © 1999 Deutsche Bibelgesellschaft, Stuttgart.

sah ihn an und gewann ihn lieb und sprach zu ihm: Eines fehlt dir. Geh hin, verkaufe alles, was du hast, und gib's den Armen, so wirst du einen Schatz im Himmel haben, und komm und folge mir nach! Er aber wurde unmutig über das Wort und ging traurig davon; denn er hatte viele Güter. Und Jesus sah um sich und sprach zu seinen Jüngern: Wie schwer werden die Reichen in das Reich Gottes kommen! Die Jünger aber entsetzten sich über seine Worte. Aber Jesus antwortete wiederum und sprach zu ihnen: Liebe Kinder, wie schwer ist's, ins Reich Gottes zu kommen! Es ist leichter, dass ein Kamel durch ein Nadelöhr gehe, als dass ein Reicher ins Reich Gottes komme. Sie entsetzten sich aber noch viel mehr und sprachen untereinander: Wer kann dann selig werden? Jesus aber sah sie an und sprach: Bei den Menschen ist's unmöglich, aber nicht bei Gott; denn alle Dinge sind möglich bei Gott.[38]

In dieser Geschichte werden wir dessen gewahr, was wir auch schon in der Evangelienlesung hören durften: „Niemand ist gut als Gott allein." Darüber hinaus werden uns einige Gebote genannt: „Du sollst nicht töten; du sollst nicht ehebrechen; du sollst nicht stehlen; du sollst nicht falsch Zeugnis reden; du sollst niemanden berauben; ehre Vater und Mutter." Überdies erfahren wir etwas über die Nächstenliebe: „Geh hin, verkaufe alles, was du hast, und gib's den Armen, so wirst du einen Schatz im Himmel haben, und komm und folge mir nach!" und über die Allmacht Gottes: „Alle Dinge sind möglich bei Gott." Worum geht´s in dieser Geschichte?

Ein Mann, mehr erfahren wir erst einmal nicht über ihn, keinen Namen, keine Altersangabe, keine Herkunft. Einer, so heißt es, lief herbei, kniete vor Jesus nieder und fragte ihn. Dieser eine ist also ein „Dahergelaufener". Dieser Dahergelaufene wirft sich vor Jesus zu Boden und stellt ihm eine Frage. Doch, wie schon aus seiner Körperhaltung ersichtlich, stellt er die Frage nicht, um Jesus auf die Probe zu stellen; er will Jesus nicht in einen Hinterhalt locken,

[38] Lutherbibel, revidierter Text 1984, durchgesehene Ausgabe, © 1999 Deutsche Bibelgesellschaft, Stuttgart.

sondern zutiefst verbeugt möchte er untertänigst die Antwort auf die Frage hören, die ihn in seinem Innern umtreibt und ihn im Äußeren umherlaufen lässt. Er stellt die Frage nach dem ewigen Leben. „Guter Meister, was soll ich tun, damit ich das ewige Leben ererbe?“ Wie wir im Laufe des Textes erfahren, hat dieser Mann bereits einiges ererbt. „Denn er hatte viele Güter.“ Alles, was er besitzt, hat er ererben bzw. erwerben können. Nur das „ewige Leben“ hat er sich noch nicht zu eigen gemacht. Dieses fehlt ihm in seiner Besitzansammlung. Sogar die Einhaltung der Gebote kann er nachweisen. „Das habe ich alles gehalten von meiner Jugend auf.“ Somit müsste die Zeit der Jugend bereits hinter ihm liegen. Ein ausgewachsener Mann, wohlhabend, auf der Suche nach dem ewigen Leben. Auf der Suche nach dem, was ihm noch fehlt. Einen Meister meint er schon gefunden zu haben. Jesus, den er „guter Meister“ nennt, bzw. - nach der Belehrung, dass nur Gott allein gut zu heißen hat - nur mit „Meister“ anspricht. Und Jesus sah ihn an und gewann ihn lieb. Jesus erkennt mit einem Blick die Aufrichtigkeit und Ernsthaftigkeit der Suche. Und Jesus sieht mit einem Blick das, was diesem einen wirklich fehlt und spricht es aus. „Eines fehlt dir. Geh hin, verkaufe alles, was du hast, und gib's den Armen, so wirst du einen Schatz im Himmel haben, und komm und folge mir nach!“ Mit einem Blick entdeckt Jesus das eigentliche Problem des wohlhabenden Mannes. Er meint so viel zu haben und sucht das ihm noch Fehlende. Doch Jesus offenbart ihm, dass er nicht nur viel hat, sondern zu viel hat. Er hat so viel, dass ihm dieser vermeintliche Reichtum im Weg steht zu dem, was er sucht und ererben möchte: das ewige Leben nämlich. Der Mann lebt und denkt in falschen Kategorien: Er will haben und will noch mehr haben. Er sucht zu besitzen, zu ererben und zu erwerben. Doch Jesus zeigt ihm den genau gegenteiligen Weg auf. Nicht sammeln und kaufen und weiter anhäufen, sondern alles weggeben, verkaufen und loslassen. „Geh hin, verkaufe alles, was du hast, und gib's den Armen.“ Eben der Besitz, ob dessen der Reiche sich reich wähnt, ist ihm der Klotz am Bein, dessenthalben er nicht finden kann, wes er so dringend bedarf. „Geh hin, verkaufe alles, was du hast, und gib's den Armen, so wirst du einen Schatz im Himmel haben." Einen Schatz im Himmel sucht er und häuft doch nur Reichtümer auf Erden an. „Komm und folge mir nach!" So lautet die Aufforderung Jesu an den Mann mit den vielen Gütern. Lass alles hinter dir, gib weg, was dich belastet und beschwert, lass los, was dich festhält, komm und folge mir nach! Doch diese scheinbar einfache Aufforderung Jesu, die Einladung zur Nachfolge entpuppt sich als eigentliches Hemmnis für den wohlhabenden Mann. „Er aber wurde unmutig über das Wort und ging traurig davon, denn er hatte viele Güter." Dieses Opfer zu bringen ist er (noch) nicht bereit. Er ist enttäuscht und traurig. Alle Gebote zu halten hatte er mitsamt Besitz beziehungsweise trotz seines Besitzes geschafft. Weder hat er getötet, die Ehe gebrochen, gestohlen, falsch Zeugnis geredet, noch jemanden beraubt. Ebenso hat er Vater und Mutter geehrt. Sein ganzes Leben hat er unter die Gebote Gottes gestellt. Sich selbst hat er Jesus zu Füßen geworfen. Er hat sich vor Jesus, als seinem Meister und guten Meister, niedergekniet. Doch die Aufforderung, alles loszulassen, seinen Besitz hinzugeben an die Armen und Bedürftigen, vermag er (noch längst) nicht. Er trifft eine (vorläufige) Entscheidung, steht auf, verlässt Jesus und geht unmutig und traurig davon. Davon, diese Entscheidung, und sei sie auch nur eine vorläufige, zu treffen, sind und bleiben wir alle nicht verschont. Was fehlt uns? Was fehlt oder ist zu viel? Wie gelangen wir zum ewigen Leben? Sind wir bereit alles hinzugeben, was uns vom ewigen Leben trennt und abhält? Die Ausrede, dass unser Reichtum nicht so groß sei, wie der des wohlhabenden Mannes, ist wahrhaftig nur eine Ausrede. Weder ist unser Kamel kleiner, noch der Nadelöhr-Durchgang größer. Auch wir haben ein Hindernis zu überwinden, das uns vom Reich Gottes trennt. Nase rümpfend auf das Versagen des wohlhabenden Mannes zu blikken, lässt unsere persönliche Nachfolge keinen Deut besser erscheinen. Sogar Jesu Jünger, seine wirklichen Nachfolger entsetzen sich über Jesu Aussagen: „Wie schwer werden die Reichen in das Reich Gottes kommen!" „Es ist leichter, dass ein Kamel durch ein Nadelöhr gehe, als dass ein Reicher ins

Reich Gottes komme." „Liebe Kinder, wie schwer ist's, ins Reich Gottes zu kommen!" Das Entsetzen der Jünger steht ihnen auf der Stirn geschrieben. Untereinander teilen sie ihr Entsetzen mit der Frage: „Wer kann dann selig werden?" Sie haben die Unmöglichkeit menschlichen Reichtums erkannt, ins Reich Gottes zu gelangen. Weder mit Geld, noch mit Disziplin, noch mit moralischer Unfehlbarkeit ist das Reich Gottes zu er(w)erben. Guter Wille allein reicht nicht aus. Gott ist weder käuflich, noch sein Reich durch Verhandlungen bestechlich erwerbbar. Doch öffnet erst diese Erkenntnis der Menschen(-Un-)Möglichkeit die Einsicht in Möglichkeit und Allmacht Gottes. „Bei den Menschen ist's unmöglich, aber nicht bei Gott; denn alle Dinge sind möglich bei Gott." Gott vermag, sogar Kamele durch Nadelöhre gehen zu lassen. So vermag Gott auch, festgehaltenen, egoistisch verkrampften Reichtum zu wahrem Reichtum bei Gott werden zu lassen, in einen himmlischen Schatz zu verwandeln. Sodass sich erfüllen kann, was Jesus längst verheißen hat: „Das Reich Gottes ist bereits mitten unter euch!"

Und der Friede Gottes, der höher ist als all unsere menschliche Vernunft, bewahre unsere Herzen und Sinne in Christus Jesus. Amen.

(6) Einführungsgottesdienst am 18. Sonntag nach Trinitatis[39]: Markus 10,17-22: Vom Reichtum und der Nachfolge

Gnade sei mit uns und Friede von Gott, unserem Vater, und unserem Herrn Jesus Christus. Amen.

Liebe Gemeinde!

[39] (23.10.2011)

Für´s kommende Jahr hab ich mich zu einer Fortbildungsveranstaltung angemeldet mit dem Titel: „Konfrontative Pädagogik: Verstehen – aber nicht einverstanden sein“. Wieso erwähne ich das an dieser Stelle? Hat es doch auf den ersten Blick / Klang nichts mit dem heutigen Gottesdienst zu tun und schon gar nichts mit einer Predigt, wie sie welche Hörerin und welcher Hörer auch immer erwartet. Nun denn, der für den heutigen Sonntag vorgeschlagene Predigttext stellt Jesus quasi als einen „konfrontativen Pädagogen“ vor, welcher tatsächlich in der Lage ist, die Situation des ihn Fragenden einerseits zwar zu verstehen, sich andererseits aber doch nicht vollends damit einverstanden zu erklären trotz oder gerade wegen des großen Verständnisses. Ich lese aus Markus 10, die Verse 17 bis 22:

Als Jesus weitergehen wollte, kam ein Mann zu ihm gelaufen, warf sich vor ihm auf die Knie und fragte: »Guter Lehrer, was muss ich tun, um das ewige Leben zu bekommen?« Jesus antwortete: »Warum nennst du mich gut? Nur einer ist gut: Gott! Und seine Gebote kennst du doch: Du sollst nicht morden, nicht die Ehe brechen, nicht stehlen, nichts Unwahres über deinen Mitmenschen sagen, niemand berauben; ehre deinen Vater und deine Mutter!« »Lehrer«, erwiderte der Mann, »diese Gebote habe ich von Jugend an alle befolgt.« Jesus sah ihn an; er gewann ihn lieb und sagte zu ihm: »Eines fehlt dir: Geh, verkauf alles, was du hast, und gib das Geld den Armen, so wirst du bei Gott einen unverlierbaren Besitz haben. Und dann komm und folge mir!« Der Mann war enttäuscht über das, was Jesus ihm sagte, und ging traurig weg; denn er hatte großen Grundbesitz.[40]

So weit der Text. Einige von Ihnen dürften sich jetzt fragen: Moment mal, war das nicht die Geschichte vom „reichen Jüngling“? Ja, antworte ich, so lautet zumindest die Überschrift des Abschnittes in der Luther-Übersetzung, mit

[40] Gute Nachricht Bibel, revidierte Fassung, durchgesehene Ausgabe, © 2000 Deutsche Bibelgesellschaft, Stuttgart.

welcher ich mich nicht abfinden konnte, da jener Fragende weder in seinem Alter als Jüngling dargestellt wird, noch klar angegeben ist, worin sein sogenannter Reichtum denn bestehe. Mit den weiteren fünf Versen gemeinsam wird die Perikope dann mit der wertenden Überschrift versehen: „Die Gefahr des Reichtums“, wobei ich hier und heute weder darüber streiten möchte, ob ein Kamel durch ein Nadelöhr oder ein dicker Strick durch ein Stadttor geht, oder gar ein Elefant – für Nicht-Theolog(inn)en sei am Rande bemerkt, dass es um jene Textstelle diverse Übersetzungs- und noch viel mehr Interpretations-Streitigkeiten gibt, das soll uns jedoch hier und heute nicht stören. Ebenfalls beabsichtige ich nicht, eine Abhandlung darüber zu halten, ob denn nun ein Reicher ins Himmelreich eingehen wird oder doch nur die Armen selig seien und dergleichen Parolen mehr und habe mich aus diesen Gründen entschieden, die Übersetzung der revidierten Elberfelder-Bibel als Grundlage zu wählen, nach welcher jene Begebenheit schlichtweg behandelt wird als die „Frage eines Reichen nach dem ewigen Leben“. Gleich zweimal wird Jesus in dieser kurzen Beschreibung einer Begegnung als „Lehrer“ bezeichnet bzw. angesprochen. Diese Anrede bzw. diesen Anspruch weist er nicht zurück. Das einzige was er von sich weist, sogar mit übergroßer Deutlichkeit ist die Bezeichnung „guter Lehrer“, hier entgegnet er dem euphorisch Angelaufenen beinahe schroff: was nennst du mich gut? Niemand ist gut als einzig und allein Gott! und distanziert sich bis auf´s Äußerste von einer Anrede, die auf Anhieb erst einmal unterwürfig, vielleicht sogar anbiedernd wirken dürfte. Insbesondere unterstrichen von der Körperhaltung, die jener Fragende einnimmt, indem er auf Jesus zuläuft und vor ihm auf die Knie fällt. Oft genug beginnen derartig oder zumindest ähnlich Fragestellungen von jenen, die scheinbar aufrichtige Fragen zu stellen scheinen, doch in Wahrheit lediglich voller Arglist sind, Fallen zu stellen bemüht, mit denen Jesus buchstäblich zu Fall gebracht werden soll, um ihn ans Kreuz zu befördern. Somit ist Jesu Reaktion auf diese zunächst uneindeutig interpretierbare Körperhaltung und übermäßig respektvolle Anrede erst einmal die einer Gegenfrage und anschließend eindeutigen Zu-Recht-Weisung. (Nebenbei gefragt: welcher Schüler käme heutzutage angelaufen, würfe sich einem Lehrkörper vor die Füße und würde ihn ehrfürchtig mit „guter Lehrer" ansprechen und hernach eine gesittete Frage an jenen richten?) Doch er lässt ihn nicht unbeantwortet stehen bzw. knien. Er erinnert ihn an das, was jener selbst wissen müsste, wenn er eine solche Frage erörtert: Die Gebote weißt du! Und listet daran anschließend sechs Gebote (der zweiten Tafel) auf, welche geeignet sein könnten, das moralische Verhalten jenes Menschen zu eruieren und ihm eine erste Anleitung mit auf den Weg zu geben. (Beinahe) alle Gebote gleichen sich in der Einleitung des „Du sollst nicht" und beziehen sich auf das gebotene Nicht-Töten, Nicht-Ehebrechen, Nicht-Stehlen, Nicht-falsch-Zeugnis-Reden, Nicht(s)-Vorenthalten. Das einzig positiv-formulierte Gebot lautet: ehre deinen Vater und deine Mutter. Anstatt dass jener Fragende nun sagt: Danke, Lehrer, ich nenn dich fortan nicht mehr gut, danke, dass du mich zurechtgewiesen und mich noch einmal an die sechs Moral-Gebote erinnert hast bzw. danke, dass du mir gleich sechs Regeln auf einmal mit an die Hand gibst, quasi einen Lebens-Leitfaden, nun steh ich wieder auf und weiß wie ich fortan zu reden, zu handeln, zu leben habe; ent-gegnet der vermeintliche Jüngling nun frappierend, indem er antwortet: Lehrer, dies alles habe ich befolgt von Jugend an. Nun könnte man gewillt sein zu fragen: ja, um was für einen (heil-losen) Streber handelt es sich hier denn eigentlich? Erst stellt er seinem „guten Lehrer" eine Frage und dann prahlt er damit, alles selbst schon ganz genau zu wissen und dies nicht nur in der gelehrigen Theorie, sondern sogar in der Praxis formvollendet gehalten zu haben! Was für ein Gipfel an Selbst-Überschätzung, Überheblichkeit und Arroganz, was für ein selbst-gerechter Knilch, na hoffentlich gibt ihm Jesus jetzt einmal eine gehörige Lektion und haut dem Sprössling eins auf den Deckel.

Doch was tut Jesus? Er schaut ihn an und gewinnt ihn lieb. Etwas, was nun scheinbar gar nicht mit jener benannten konfrontativen Pädagogik in Einklang zu bringen ist. Welchem Lehrer gelingt es denn so ohne Weiteres, seine

Schüler einzeln und jeweilig anzuschauen, sie buchstäblich wahrzunehmen und sie dann auch noch, anstatt sie lediglich zu beobachten, um beispielsweise Status- oder sonstige Bögen auszufüllen, gar liebzugewinnen? Reicht denn nicht die bloße Stoff-Vermittlung, muss es denn auch noch eine Lieb-Gewinnung sein? Welche Überforderung nicht nur der Lehrperson, sondern unter Umständen auch noch des jeweiligen Schülers! Doch Jesus scheint in seiner buchstäblichen Anschauung einen derartigen Tiefblick entwickelt zu haben, dass er zu der Erkenntnis kommt und sie dem Fragenden eben konfrontativ mitteilt: Eins fehlt dir!

Was ist das? Wo soll das hinführen? Jener, der alle Gebote von Kindheit an zu halten vorgibt, der sozusagen als Vorzeige-Gesetzestreuer eine Art Perfektion in Gehorsam darstellt und verkörpert sollte in seiner Über-Vollständigkeit einen Mangel aufweisen? Wie soll das vonstatten gehen? Ist er doch so sehr bestrebt, durch eigenes Tun, gleichsam durch eigene Leistung sich das Anrecht auf das ewige Leben, wenn schon nicht zu erwerben, so doch wenigstens und immerhin zu ererben! Würde er nicht perfekt in die heutige Leistungsgesellschaft passen? Wäre er nicht ein geeigneter Kandidat für das „social ranking“, für den Wettkampf um die Pool-Position, im Konkurrenz-Wahn des „survival of the fittest“, des „struggle for survive“? Würde jener seinen Ehrgeiz beispielsweise im Fußball „an den Mann bringen“, gehörte er sicherlich und unzweifelhaft zu den Begehrtesten und Hochdotiertesten unter den Profi-Kickern. Würde er sich in der Marktwirtschaft vermarkten und verkaufen, wäre er garantiert einer der Top(pest) Manager unserer Zeit! Doch seine namenlose Existenz findet nur in den knappen sechs Versen Erwähnung und stellt gleichermaßen nur den Anlass dar, für die anschließende Erörterung der Jünger Jesu ob der Möglichkeit des Selig-Werdens. Er kommt aus dem Nichts, er geht ins Nichts, bzw. es ist nicht weiter beschrieben, was aus jenem Menschen wird, sobald er Jesus den Rücken zukehrt. Der welcher dynamisch angerannt kam, sich eifrig zu Boden stürzte, geht hernach betrübt

von dannen, schleppend langsam, mit Röte im Gesicht und den Blick zum „Styx“ in die Unterwelt gewandt.
Was ist da passiert? Wie konnte aus solch einem siegessicheren Kandidaten solch ein scheinbarer Looser werden? Womit hat Jesus ihn konfrontiert? Na eben mit seinem Mangel. Er hält ihm quasi den Spiegel vor und macht ihn auf seine völlig verdrehte Denk-Weise aufmerksam. Jener Fragende meint durch zusätzliche Leistungen, durch theologisch gesprochen „Werkgerechtigkeit“ selig werden zu können, durch Mehr-Tun quasi ein Mehr-an-Seligkeit erwirken zu können und scheitert daran kläglich. Er hofft bei Jesus, der im Abschnitt zuvor noch die Kinder segnete und den Umstehenden verhieß: Niemand kann ins Himmelreich kommen, der nicht wird wie ein Kind, der also direkt vom Himmelreich predigte und somit bei jenem den Eindruck erweckte ein kompetenter Ansprechpartner zu sein, um den direkten Zugang in jenes Reich zu erlangen, fündig zu werden und somit ein One-Way-Ticket in den Himmel zu ergattern – daher vielleicht die übereifrige Eile, mit welcher er auf Jesus hinzu rennt und hinstürzt. Jesus macht ihm klar, dass es nicht darum geht, sich noch weiter von den anderen abzuheben, die anderen hinter sich zu lassen, der Hervorragende in der Menge zu sein; immerhin wird er im Text als „der Eine“ beschrieben, nicht als irgendeiner, irgendwer Dahergelaufenes, sondern als der Archtetyp des „Einzelnen“. Genau ihm entgegnet Jesus und konfrontiert ihn damit sogleich mit dem „Wahren Einen“, nämlich Gott, dem einzigen, der als gut zu bezeichnen wäre; niemand ist gut als nur einer allein, der Einzige: Gott. Zudem konfrontiert er ihn mit der Aussage: Eines fehlt dir. Dies Eine, fehlt dem Einen, nämlich der Eine: Gott!
Er, der einsame sozusagen, hatte nur sich selbst im Blick. Völlig fokussiert und fixiert auf sein eigenes Seelenheil, seinen höchstpersönlichen Zugang zum Himmel. Wie oft spiegelt sich jener Denkansatz nicht nur bei Schülern wider: Ich will eine bessere Note haben, ich brauche mehr Punkte! Genauso rennt jener habgierig auf Jesus zu und will haben, von dem er meint bekommen zu können, was ihm zustehe, was er sich erarbeitet, was er verdient

hätte! Er ist selbst zu dem festen und unwiderruflichen Beschluss gelangt, ihm stehe das ewige Leben quasi als Belohnung für sein bisheriges Tun, seine mangelnde Fehlerhaftigkeit, seine Anstrengung, seine Gesetzestreue zu. Nun sei in Jesus der gekommen, der ihm endlich den wohlverdienten Lohn auszuzahlen habe, der ihm endlich das Letzte gibt, um ihm das Gefühl zu verleihen, nun doch alles zu haben. Und der große potentielle Spender aller Gaben konfrontiert ihn nun mit dem, was er gar nicht wahrhaben möchte, nämlich, dass ihm eines, und zwar das Wesentliche fehlt! Geh hin, verkaufe alles, was du hast und gib den Erlös den Armen!

Anstatt ihn zu loben ob seiner guten Werke, anstatt ihm einen Verdienstorden um den Hals zu hängen, anstatt ihn vor aller Menschen Augen auszuzeichnen, blamiert Jesus ihn gleichsam und verteilt keine Streicheleinheiten, gute Noten, Gummibärchen und Schokoriegel, sondern verlangt von jenem sich von all seinem Erarbeiteten, Erwirtschafteten, Angeeigneten, sich von seinem Besitz komplett zu trennen, selbigen zu veräußern und alles Verdiente zu verschenken, wegzugeben, loszulassen. Anstatt noch mehr zu raffen, soll er hingeben, alles was er hat, alles was er bekommt; anstatt geschmückt zu werden, wird ihm Nacktheit verheißen. Doch diese Hingabe soll nicht nur ein Akt der Demütigung sein. Es wird ihm in Aussicht gestellt, damit das wahrhaft Angestrebte auch erreichen und empfangen zu können: du wirst einen Schatz im Himmel haben! Nun ist er vor die Wahl gestellt: Aha, entweder muss ich alles aufgeben, woran mein Herz hängt um das zu erlangen, wonach mein Herz sich sehnt oder aber: ich bleibe ha(e)ngen, verfangen, gefangen und lechze umsonst und aussichtslos weiter.

Es erfolgt noch eine letzte Konfrontation Jesu: Komm, folge mir nach! Doch diese wird die letzte, die jener Mann zu verkraften in der Lage ist, zumindest für diesen Moment. Er aber ging entsetzt über das Wort traurig weg, denn er hatte viele Güter. Die Alternative, mit der er konfrontiert wird ist ihm zu happig, zu unverdaulich: Nachfolge Jesu um den Preis aller seiner Güter oder Festhalten am „Gut“ um den Preis des ewigen Lebens. Der Mann hat die

Wahl, wir haben die Wahl. Alles auf einmal geht nicht, das eine geht nur auf Kosten des anderen. Diese Erschütterung muss der Mann erst einmal schlucken, bevor er eine lebens-relevante Ent-Scheidung trifft. Wie die Geschichte endet, wir wissen es nicht, wir erfahren nichts davon. Der Mann zieht von dannen, Jesus eilt ihm nicht hinterher, spricht ihn nicht weiter an, verfolgt ihn nicht, er lässt ihn ziehen. Die Lektion ist erteilt, die Konfrontation erfolgt, er hat Verständnis gezeigt, sich aber nicht bedingungslos einverstanden erklärt. Er hat die Bedingungen aufgelistet, die buchstäblich Not-wendig wären, vorausgesetzt jener meint es ernst mit der Sehnsucht nach dem ewigen Leben.

Wie heißt es so schön? Wer die Hände voll hat, kann nicht empfangen. Wer festhält, kann nicht loslassen und somit auch nicht beschenkt werden. Es geht darum, von Altem, Gewohntem, Festgefahrenen Abstand zu nehmen und das Wagnis einzugehen, ein neues Ufer zu erlangen, wenn dabei auch ein reißender Fluss durchquert werden muss. Doch wer will sich angesichts eines dynamischen Stromes endlos am Ufer festkrallen, wenn der Fluss alles Treibgut in hoher Geschwindigkeit auf ihn zufließen lässt, jeder Aufprall sorgt für eine weitere Erschütterung, bis es nicht mehr zu halten ist.

Bleiben oder Lassen. Haben oder Sein. Behalten oder Verschenken. Es geht nur eins (nach dem anderen). Was wagen wir? Sind wir wie die Raupen, die nur endlos fressen wollen, sich alles einverleibend, was ihnen in die Quere kommt? Ab und an taucht ein Schmetterling auf und wir beneiden ihn ob seiner Farbenpracht und Leichtflügeligkeit. Doch was sollte eine Raupe mit Schmetterlingsflügeln anfangen? Wäre es wirklich eine Wohltat, wenn der Schmetterling der Raupe seine Flügel verleiht, verschenkt, abschneidet und weggibt? Will die Raupe wirklich eine Verwandlung, bleibt ihr nur die Ganz-Hingabe. Verpuppung, scheinbarer Tod. Alles übrige steht nicht in ihrer Macht.

So hat auch der vermeintlich reiche Jüngling seine Rechnung ohne Gott gemacht, hat nur seinen Verstand und seine Gesetzestreue walten lassen. Ob es ihm gelingt, sich von seinen Gütern zu trennen, wenn schon nicht auf einen Schlag, so doch evtl. in kleinen Etappen, wie ein Heißluftballonfahrer auch nicht alle Sandsäcke auf einmal herabfallen lässt, sondern nach und nach Ballast abwirft um zunehmend an Höhe zu gewinnen und sich dem Wind hinzugeben. Krallen wir uns krampfartig in der Böschung fest oder vertrauen wir uns dem Fluss an, der uns hinführt, ohne uns die absolute Kontrolle zu überlassen? Wie steht es um unser Gott-Vertrauen oder bauen wir doch nur auf unsere hausgemachten Parolen, wie beispielsweise: „ohne Fleiß kein´ Preis“ oder „Jeder ist seines Glückes Schmied“? Lassen wir uns fallen in der Gewissheit, Getragene zu sein, oder überprüfen wir sicherheitshalber noch einmal alle Konditionen und schließen eine Lebensversicherung ab, die uns doch nicht vor dem Tod retten kann? Auf die Frage der Jünger: wer kann dann gerettet werden? antwortet Jesus: bei Menschen ist es unmöglich, aber nicht bei Gott, denn bei Gott sind alle Dinge möglich. Wenn es auch keine Bedienungsanleitung für das große Loslassen, kein Rezept für die Selbst-Hingabe gibt, das sich mit zehn Schritten zum Erfolg erwerben lässt, so heißt es doch in einem Bibelwort (Johannes 12,24b):

[...] Wenn das Samenkorn nicht in die Erde fällt und erstirbt, bleibt es allein; wenn es aber erstirbt, bringt es viel Frucht.[41]

bzw. (Matthäus 16,25):

Denn wer sein Leben erhalten will, der wird´s verlieren; wer aber sein Leben verliert um meinetwillen, der wird´s finden.[42]

[41] Lutherbibel, revidierter Text 1984, durchgesehene Ausgabe, © 1999 Deutsche Bibelgesellschaft, Stuttgart.
[42] Lutherbibel, revidierter Text 1984, durchgesehene Ausgabe, © 1999 Deutsche Bibelgesellschaft, Stuttgart.

Wer sein Leben loslässt, wird das ewige Leben finden. Darauf vertrauend lasst uns doch einfach einmal das Risiko eingehen, uns beschenken zu lassen (beziehungsweise auch uns gegenseitig zu beschenken)!

Und der Friede Gottes, der höher ist als all´ unsere menschliche Vernunft, bewahre unsere Herzen und Sinne in Christus Jesus. Amen.

(7)19. Sonntag nach Trinitatis[43]: Jakobus 5,13-16: Heilung durch Gebet

Die Gnade unseres Herrn Jesus Christus und die Liebe Gottes und die Gemeinschaft des Heiligen Geistes sei mit euch allen! Amen.

Eine kleine Geschichte: In einer Stadt in Nordchina wurde ein Kind mit sechs Monaten hoffnungslos schwerkrank. Aber die Mutter gab ihre Hoffnung nicht auf. Sie bat den Arzt um die weitere Behandlung mit aller Kraft. Dann bat sie als getaufte Christin Gott um Hilfe. Sie hatte darum gebetet, dass, wenn es Gottes Wille sei, das Kind geheilt werden möge. Sie sagte: „Wenn das Kind geheilt wird, soll es nicht mehr mir, sondern dir gehören, mein Gott!" Das Kind wurde gerettet. Aber sie hatte ihm nie von dieser Geschichte erzählt. Nach 17 Jahren hatte ihr Sohn drei Tage lang gebetet und dabei festgestellt, dass ihn Gott zum Predigtamt berufe. Er teilte seiner Mutter seine Entscheidung zum Pfarrer werden mit. Mit großer Freude hörte sie das und erzählte ihm zum ersten Mal von der Heilungsgeschichte und von ihrem Gelübde. Erstaunt fragte sie der Sohn, warum sie bisher nie davon gesprochen habe. Ruhig antwortete sie: „Ich vertraue meinem Gott. Wenn er dich wirklich braucht, wird er dich selber berufen."

[43] (29.10.2000)

Liebe Gemeinde,

ich weiß nicht, welche Erfahrung Sie bislang mit dem Beten gemacht haben. Doch welche es auch sein mögen, der heutige Predigttext möchte Sie einladen, die Herausforderung des Glaubensgebetes erneut anzunehmen. Zu Beginn lautet es (Jakobus 5,13):

Wer von euch Schweres zu ertragen hat, soll beten. Wer von euch glücklich ist, soll Loblieder singen.[44]

Obwohl hier nur zwei verschiedene Grundbefindlichkeiten angesprochen sind, ist doch eigentlich bereits das Spektrum menschlicher Stimmungen abgesteckt: entweder fühlt sich jemand schlecht oder er ist wohlgemut. Wer sich schlecht fühlt, der soll beten und wer sich wohl fühlt, der soll singen. Somit ist jedermann, wie auch immer er sich befinden mag, aufgefordert, seiner Stimmung Ausdruck zu verleihen, Stimme zu geben. Sei es Klage, sei es Fluch, sei es höchstes Glücksgefühl. Vor Gott bleibt nichts verborgen, er birgt alles, in ihm ist Geborgenheit. Nichts darf dabei ungebeten sein. Gleichsam prophylaktisch gibt es hier Gebet und Gesang auf Rezept. (Fragen Sie Ihren Arzt oder Apotheker!) Ein Tip zur Psychohygiene, herauszulassen, was heraus muss. Wie auch der Körper sich des Ballastes entledigt, um nicht schwerfällig zu werden und beweglich zu bleiben, so bedarf auch die Seele der Entlastung zur Geschmeidigkeit. Und zwei Mittel zur Entäußerung seiner selbst gibt uns der Text: Beten und Singen. Wie gefährdet das notwendige Gleichgewicht jedoch ist, geht aus dem weiteren Text hervor. Es heißt dort (Jakobus 5,14):

---

[44] Gute Nachricht Bibel, revidierte Fassung, durchgesehene Ausgabe, © 2000 Deutsche Bibelgesellschaft, Stuttgart.

Wer von euch krank ist, soll die Ältesten der Gemeinde rufen, damit sie für ihn beten und ihn im Namen des Herrn mit Öl salben.[45]

Wem es nicht möglich ist, sich vor Gott selbst im Gebet zu entäußern, der muss sich Hilfe holen. Hier in Form der Gebetskompetenz erfahrener Gemeindeältester. Diese wenden sich ihm zu und lassen ihm Leib- und Seelsorge in einem zukommen. Sie salben ihn im Namen des Herrn und sprechen die Gebete über ihn, die der krank Liegende selbst nicht zu sprechen vermag. Damit ist auch bezeichnet, um welche Art Krankheit es sich hier handelt. Es ist die Lähmung und Sprachlosigkeit, die sich eines Menschen bemächtigt hat, ähnlich dem Gelähmten aus der Evangelienlesung. Die eigentliche Krankheit ist nicht die des Menschen, der zu klagen hat, sondern die desjenigen, der nicht zu klagen vermag (Kakophanie). Und dass dieser Mensch nicht klagen kann, ist der beste Beweis für seine Gefühlsgelähmtheit, seine Lägrigkeit. Wichtig ist aber, dass er zumindest noch zur Erkennung seiner Lage imstande ist. Denn er ist derjenige, der die Initiative ergreifen muss, die Ältesten überhaupt zu rufen. Der Besuchs- und Gebetsdienst funktioniert in der beschriebenen Gemeinde nur auf Geheiß des Kranken. Allerdings unter einer großen Verheißung. Dazu heißt es (Jakobus 5,15):

Ihr vertrauensvolles Gebet wird den Kranken retten. Der Herr wird die betreffende Person wieder aufrichten und wird ihr vergeben, wenn sie Schuld auf sich geladen hat.[46]

Das Gebet des Glaubens hat seine Wirkung also ebenfalls in leib- und seelsorglicher Art und Weise. Es heilt den Bettlägrigen, sodass er wieder aufstehen kann, und bringt ihn auch in anderer Hinsicht aus der misslichen Lage

---

[45] Gute Nachricht Bibel, revidierte Fassung, durchgesehene Ausgabe, © 2000 Deutsche Bibelgesellschaft, Stuttgart.
[46] Gute Nachricht Bibel, revidierte Fassung, durchgesehene Ausgabe, © 2000 Deutsche Bibelgesellschaft, Stuttgart.

wieder auf die Beine, indem es zur Abnahme be- und vergangener Sünden führt. Der Kranke wird geheilt, der Liegende aufgerichtet, wie in der Evangeliengeschichte. Auch hier ist es der Glaube der trägt, der Glaube der den Kranken Tragenden. Und es ist der Herr, der aufrichtet, der zur Aufrichtigkeit verhilft. Und zu einer Gemeinschaft in Aufrichtigkeit leitet der letzte Vers unseres Predigttextes an (Jakobus 5,16):

Überhaupt sollt ihr einander eure Verfehlungen bekennen und füreinander beten, damit ihr geheilt werdet. Das inständige Gebet eines Menschen, der so lebt, wie Gott es verlangt, kann viel bewirken.[47]

Die Verheißung der Gesundung und Heilung ergeht an jeden einzelnen und an die Gemeinschaft als gesamte. Einander die Sünden bekennen, einer dem anderen. Miteinander teilen, einander mitteilen. Füreinander beten, einer für den anderen. Das ist die Devise. Das führt zur Gesundung. Damit ist ausgesagt, dass die vollständige Gesundung noch aussteht, uns noch bevorstehen kann. Auch wir sind noch entwicklungsfähig. Wir können noch offener bekennen und vertraulicher füreinander beten. Wir können in der Sprachfähigkeit unserer Gebete wachsen. Wir können weiter ablegen, was uns bedrückt und beschwert. Wir sind eingeladen, alle Last vor Gott zu bringen. Zum Schluss lese ich noch einmal den Predigttext im Zusammenhang, mit der pantomimischen Darstellung der Konfirmandinnen:

Wenn jemand von euch zu leiden hat, bete er; Ist er frohen Mutes, so singe er, Gott zum Preise. Ist jemand unter euch krank, so lasse er die Ältesten der Gemeinde kommen, dass sie über ihn beten und ihn mit Öl salben im Namen des Herrn: das Gebet des Glaubens wird den Kranken retten, und der Herr wird ihn aufrichten; und wenn er Sünden begangen hat, so werden sie ihm

---

[47] Gute Nachricht Bibel, revidierte Fassung, durchgesehene Ausgabe, © 2000 Deutsche Bibelgesellschaft, Stuttgart.

vergeben werden. Bekennet denn einander eure Sünden und betet füreinander, damit ihr Heilung findet; viel vermag das eindringliche Gebet eines Gerechten.[48]

Und der Friede Gottes, der höher ist als alle Vernunft, bewahre eure Herzen und Sinne in Christus Jesus. Amen.

(8)21. Sonntag nach Trinitatis[49]:
Matthäus 10,34-39: Von wahrer Nachfolge

Ihr sollt nicht meinen, dass ich gekommen bin, Frieden zu bringen auf die Erde. Ich bin nicht gekommen, Frieden zu bringen, sondern das Schwert. Denn ich bin gekommen, den Menschen zu entzweien mit seinem Vater und die Tochter mit ihrer Mutter und die Schwiegertochter mit ihrer Schwiegermutter. Und des Menschen Feinde werden seine eigenen Hausgenossen sein. Wer Vater oder Mutter mehr liebt als mich, der ist meiner nicht wert; und wer Sohn oder Tochter mehr liebt als mich, der ist meiner nicht wert. Und wer nicht sein Kreuz auf sich nimmt und folgt mir nach, der ist meiner nicht wert. Wer sein Leben findet, der wird´s verlieren; Und wer sein Leben verliert um meinetwillen, der wird´s finden.[50]

Gnade sei mit uns und Friede von Gott unserm Vater und unserm Herrn Jesus Christus. Amen.

Liebe Gemeinde.

[48] Die Bibel im heutigen Deutsch (Gute Nachricht), © 1982 Deutsche Bibelgesellschaft, Stuttgart.
[49] (16.10.2005)
[50] Lutherbibel, revidierter Text 1984, durchgesehene Ausgabe, © 1999 Deutsche Bibelgesellschaft, Stuttgart.

Aus dem eben als Evangelienlesung gehörten Predigttext, möchte ich drei Gedankengänge bzw. (Christus-)Bilder hervorheben: 1) Zuerst das Bild des Schwertes, 2) dann das Bild vom Kreuz, 3) zuletzt das Bild von der Lebensfindung.

1) Über das Schwert erfahren wir im ersten Vers des Predigttextes: „Ihr sollt nicht meinen, dass ich gekommen bin, Frieden zu bringen auf die Erde. Ich bin nicht gekommen, Frieden zu bringen, sondern das Schwert."

Wider unsere Erwartungen und vielleicht auch wider unsere Hoffnung auf Frieden, kündigt Christus uns Inhalt und Ziel seines Kommens, seiner Sendung darin an, das Schwert zu bringen. Und wie wir in der Evangelienlesung hören durften, ist vom Schwert nicht im Zusammenhang des großen Weltgeschehens die Rede, sondern dringt eben dieses Schwert Christi hinein mitten in unser engstes Beisammensein. Ent-Zweiung soll erfolgen zwischen Sohn und Vater, Tochter und Mutter, Schwiegertochter und Schwiegermutter. Feinschaft soll aufkommen innerhalb der eigenen Hausgenossenschaft. Bonhoeffer fragt sich zurecht: „Wer darf denn ... so sprechen, wenn nicht entweder der Zerstörer allen Lebens oder aber der Schöpfer eines neuen Lebens?" Sicherlich geht es nicht um die Zerstörung um der Zerstörung willen. So sehr wir um die Verheißung des Friedens wissen, so sehr uns auch die Gebote der Nächstenliebe und der „Ehre für Vater und Mutter" wissen, so sehr verdeutlicht uns das Bild vom Schwert eben dies, dass keine Menschengemeinschaft, nicht einmal Blutsverwandtschaft, ausreichend Schutz dafür gewähren kann, vom Schwert Christi verschont zu bleiben. Christi Schwert dringt in unser Innerstes, bis in Mark und Gebein, in unser Herz hinein und fordert von uns un-geteilte Stellungnahme, klare Position, ein-deutiges Bekennen. Das zwie-schneidige Schwert treibt uns zu einer un-zwei-deutigen Ent-Scheidung. Hängenbleiben in der menschlichen Gemeinschaft, Haftenbleiben an verwandtschaftlicher Herkunft, oder aber Trennung von allen bekannten und liebgewordenen Gewohnheiten und Aufbruch in ein Neues und Unbekanntes,

Wagnis und Blick in die unplanbar Kommende? Das Risiko der Nachfolge Christi!

2) In diesem Zusammenhang ist im letzten Vers der Evangelienlesung die Rede vom Kreuz: „Und wer nicht sein Kreuz auf sich nimmt und folgt mir nach, der ist meiner nicht wert."

Der Aufruf zur Nachfolge Christi gleicht in keiner Weise einer unseren Augen und Ohren vertrauten und einladend wirkenden Werbekampagne. Wie uns eben im ersten Vers unserer Hoffnungen auf Frieden beraubt wurden, so erfahren wir auch in diesem Vers eine herbe Ent-Täuschung. All das, wonach wir uns sehnen, wird nicht in Aussicht gestellt. Uns wird keine ewige Glückseligkeit verheißen und kein Freudentaumel. Wir werden bitter ernüchtert und gnadenlos mit dem Kreuz konfrontiert. Doch nicht genug, dass uns das Todesinstrument Jesu von Nazareth vor Augen gestellt wird, wir sollen gleichsam unser eigenes Kreuz auf uns nehmen, jeder das seine bzw. jede das ihre, und so bepackt die Nachfolge Christi antreten. Alles andere ist unter seiner Würde. Ebenfalls unter seiner Würde ist es, Vater oder Mutter mehr zu lieben als ihn. Weiterhin unter seiner Würde ist es, Sohn oder Tochter mehr zu lieben als ihn. Luther spielt in diesem Zusammenhang sogar den Glauben gegen die Liebe aus: „Wenn man einen Freund preisgeben muss, dann lieber den Freund, Bruder Mensch als den Vater Gott: nieder mit der Liebe, auf dass der Glaube bestehe." Wessen Glaube und Gottesliebe ist dann schon groß genug zur Nachfolge in diesem Sinne? Es ist eine wahre Heraus-Forderung, die Christus uns da zumutet! Doch billiger scheint die Gemeinschaft mit Christus nicht erreichbar zu sein. Christus will uns für „seiner würdig" befinden, für gleich-wertig und ihm eben-bürtig.

3) Schließlich ist uns nur dann wahre Lebensfindung verheißen, von der wir in dem Vers, der sich der Evangelienlesung unmittelbar anschließt, hören: „Wer sein Leben findet, der wird´s verlieren; Und wer sein Leben verliert um meinetwillen, der wird´s finden."

Erst in diesem letzten Vers wird uns eine Verheißung in Aussicht gestellt, die, einem Rätsel gleich, zuerst entschlüsselt werden muss. Dazu schreibt der Theologe Albrecht Bengel: „Multi mundi causa perdunt animam. – Viele verlieren das Leben um der Welt willen." Hier wirkt das Bild zwar weniger scharf geschliffen als das des Schwertes, scheinbar auch weniger drastisch und schroff als das des Kreuzes, dennoch beinhaltet dieses Bild von der „Suche nach dem eigenen Selbst", vom vermeintlichen Gefundenhaben des eigenen Lebens, von Lebensgewinn oder Lebensverlust bzw. Tod ebenfalls eine Radikalität, wie sie dem gesamten Text zu eigen zu sein scheint. Es geht um die Frage nach dem (sogenannten) „Sinn des Lebens", danach, wer oder was unserem Leben Sinn zu verleihen vermag. Der eigenmächtige Versuch, sein Leben allein sinnvoll erscheinen zu lassen, ist der Weisheit dieses Verses nach zu urteilen, zum Scheitern verurteilt. „Sinn im Selbstverleih" bringt, auch nach jüdischer Wendung, „das Leben zum Scheitern". Darum dürfen wir, obwohl voller Angst vor Selbst- und Lebensverlust, dennoch getrost sein, unser Leben, das nicht unser Besitz und Eigen, sondern uns von Gott geliehen ist, in Gottes Hand zu wissen, und es um seinetwillen ruhig verlieren zu können. Wie Jesus vor seiner Gefangennahme zu Gott, seinem Vater, beten konnte (Lukas 22,42b):

[...] nicht mein, sondern dein Wille geschehe![51]

Das Leben, das Gott selber ist und das er schenkt, vermag kein Tod zu töten!

Und der Friede Gottes, der höher ist als all unsere menschliche Vernunft, bewahre unsere Herzen und Sinne in Christus Jesus. Amen.

---

[51] Lutherbibel, revidierter Text 1984, durchgesehene Ausgabe, © 1999 Deutsche Bibelgesellschaft, Stuttgart.

(9) Reformationstag[52]:

Römer 3,21-28: Die Rechtfertigung allein durch Glauben

Liebe Gemeinde.

Neulich hörte ich folgenden Spruch: „Früher lebte man länger als heute". Hä? Wie das? - „Früher lebte man dreißig Jahre plus ewig, heute achtzig Jahre plus nichts."

Eine Dimension des Lebens scheint uns abhanden gekommen zu sein. Angst vor dem Nichts spricht von Mangel an Gottvertrauen - von verlorengegangenem Glauben. Was kommt nach dem Tod: Nichts? Wird unser Dasein allein auf die Tage auf Erden reduziert, so gewinnen die augenscheinlichen Zweidimensionalitäten immens an Bedeutung. Doch wohin ist die Ewigkeit verschwunden? Glauben wir nicht mehr an eine uns alle tragende Macht, sind wir zur Schaffung unseres eigenen Glückes verdammt: der Kampf ums Dasein hat uns gepackt. Verlieren wir das Gefühl, geliebte Kreaturen zu sein, müssen wir uns selbst um unsere Bestätigung und Behauptung kümmern - gegen andere, meist auf ihre Kosten. Der Wettkampf hat begonnen: Wer ist die Schönste im Land? Wer der Reichste an Erfolg, Stärke, Potenz, Dreistigkeit und Skrupellosigkeit? Wer misst sich mit wem? Wer kann sich sehen lassen?

Ich vermute, die Frage nach dem Selbstwertgefühl ist auch Ihnen nicht gänzlich unbekannt: Sie begegnet allerorten: Bin ich geliebt? Bin ich anerkannt? Was bin ich wert? Wo darf ich sein? Wie muss ich mich geben? Wie habe ich zu funktionieren? Wer sagt mir, wo es langgeht? Die Frage trifft Menschen nicht erst seit heute: Wie wir es am heutigen Reformationstag feiern, hat die Frage, vor knapp 500 Jahren, bereits Martin Luther gequält: Wie kriege ich einen gnädigen Gott? Wie komme ich los von den Selbstkasteiungen! Er suchte lange nach der Möglichkeit des Geliebtseins, bis er - im Turmzimmer

[52] (31.10.2004)

der Wartburg - die Entdeckung seines Lebens machte: er fand einen Vers bzw. Abschnitt bei Paulus, der ihm Antwort geben sollte und einen Ausweg aus seiner Verzweiflung wies. Ich lese aus dem Römerbrief, Kapitel 3, die Verse 21-28:

Nun aber ist ohne Zutun des Gesetzes die Gerechtigkeit, die vor Gott gilt, offenbart, bezeugt durch das Gesetz und die Propheten. Ich rede aber von der Gerechtigkeit vor Gott, die da kommt durch den Glauben an Jesus Christus zu allen, die glauben. Denn es ist hier kein Unterschied: sie sind allesamt Sünder und ermangeln des Ruhmes, den sie bei Gott haben sollten. Und werden ohne Verdienst gerecht aus seiner Gnade durch die Erlösung, die durch Christus Jesus geschehen ist. Den hat Gott für den Glauben hingestellt als Sühne in seinem Blut zum Erweis seiner Gerechtigkeit, indem er die Sünden vergibt, die früher begangen wurden in der Zeit seiner Geduld, um nun in dieser Zeit seine Gerechtigkeit zu erweisen, dass er selbst gerecht ist und gerecht macht den, der da ist aus dem Glauben an Jesus. Wo bleibt nun das Rühmen? Es ist ausgeschlossen. Durch welches Gesetz? Durch das Gesetz der Werke? Nein, sondern durch das Gesetz des Glaubens. So halten wir nun dafür, dass der Mensch gerecht wird ohne des Gesetzes Werke, allein durch den Glauben.[53]

Luther las diesen Text, den wir - in seiner Übersetzung - bestens kennen und fand in ihm die Erlösung. Das Erlösende für Luther war: es geht gar nicht um das eigene Gutsein, um die eigenen Leistungen, um die Qual der Unfehlbarkeit. Damit ist nichts gewonnen, außer qualvollem Selbstruhm, der gegenstandslos und keineswegs von Dauer ist. Je mehr Anstrengung, desto mehr zwar erarbeiteter Glanz, desto größer aber auch die Enttäuschung: auch das hält nicht an.

---

[53] Lutherbibel, revidierter Text 1984, durchgesehene Ausgabe, © 1999 Deutsche Bibelgesellschaft, Stuttgart.

Vielleicht kennen auch Sie das Gefühl des Umsonst, des Vergeblichen, der verlorenen Liebesmüh. Sie arbeiten und arbeiten, mühen sich ab, und alles bleibt beim Alten. Die Erreichbarkeit der Hoffnung rückt in weite Ferne. Pech gehabt? Luther macht eine erstaunliche Entdeckung: es geht ihm nicht allein so. Bereits Paulus muss das - ca. 1500 Jahre zuvor - durchgemacht haben. Das Gegen-die-Sünde-Angehen aus eigener Kraft heraus ist ein unmögliches Unterfangen: Bereits im Vorhinein zum Scheitern verurteilt. Doch zu dieser Sisyphos-Arbeit gibt es noch eine Alternative: Nicht Du musst dich gerecht sprechen, sondern du empfängst die Gerecht-Sprechung. Nicht du musst dein eigener Scharfrichter sein, dein eigener Angeklagter und dein eigener Verteidiger: Gott will dich gerecht sprechen! Unser Text arbeitet mit dem Bild einer Gerichtsvorstellung: Es geht um begangene Sünde, um verdiente Strafe, um ein erwartetes Urteil. Die Spannung steigt, die Urteilsverkündigung naht: das Gesetz plädiert auf Tod! So kennen wir es: Schuld wird bestraft. Gerechtigkeit muss sein. Jedem das Seine. Nun kommt die Kehrtwendung, das Unerwartete tritt ein: die Frei-Sprechung! Die Schuld wird vergeben. Gott lässt Gnade walten, er richtet den Sünder auf.

Menschliche Rechtsprechung gibt es schon seit Menschengedenken. Richten und Urteilen ist uns zur ureigenen menschlichen Eigenschaft geworden. Anmaßungen, Vorurteile und Abkanzelungen schleichen sich in unsere Gedankenwelt: Wir bilden uns Meinungen, grenzen uns ein, grenzen uns ab, grenzen uns aus. Wir leben mit und unter Urteilssprüchen, Diffamierungen und Plädoyers. Wir leiden unter unseren eigenen Selbstverurteilungen. Auch Luther muss es schon so ergangen sein. Daher hatte es für ihn heilsame Wirkung, erfahren zu dürfen, dass Gott ein anderes Urteil bereit hält, als der Mensch es über sich verhängt. Gottes Urteil ist kein unheilvolles Verhängnis. Vor Gott gibt es kein besser oder schlechter. Vor Gott sind wir, wie Luther es formuliert, „allzumal Sünder“. Es ist kein Unterschied zwischen uns. Das bedeutet nun noch lange nicht, dass wir alle identisch oder austauschbar wären. Es heißt nur, dass wir uns nichts Gutes antun, wenn wir uns gegenseitig disqualifizieren. Gegenseitige Verteufelungen oder Verherrlichungen sind zwar menschlich, müssen deshalb aber noch lange nichts mit der Herrlichkeit Gottes zu tun haben. Das Gute und Erlösende ist: Wir sind gar nicht zuständig, diese Herrlichkeit Gottes, den Abglanz Gottes herstellen zu müssen. Dies wäre eine maßlose Anmaßung. Gott ist herrlich und hat er uns dazu geschaffen, seine Ebenbilder zu sein. Das heißt, wir dürfen die Herrlichkeit Gottes ausstrahlen, dürfen seinen Abglanz widerspiegeln.

Gott liebt uns, sein - wie es im Segen heißt - Angesicht leuchtet über uns. Gott hat uns reich beschenkt, und dies dürfen wir miteinander teilen. Wo dies geschieht - und es geschieht ohne großen Zwang, ohne Qual und Anstrengung - da ist Gottes Gnade zu spüren, von der in unserem Text die Rede ist. Paulus hat dies - vor knapp 2000 Jahren - erfahren und niedergeschrieben. Luther hat dies – vor knapp 500 Jahren - erfahren und in unsere Sprache übersetzt. Wir dürfen – heute - an dieser niedergeschriebenen und übersetzten Erfahrung Anteil nehmen. Jedoch will dieser kostbarer Schatz weder versteckt oder begraben sein, sondern untereinander geteilt und miteinander erlebt werden. Dort, wo (diese Erfahrung) miteinander geteilt - einander mitgeteilt - wird, da lebt Gemeinde! Da braucht nicht nur über Gemeindeaufbau geredet zu werden, da muss Gemeinde nicht mühsam konstruiert, gezählt und finanziert werden, da ereignet sie sich völlig kostenlos - aber eben nicht umsonst. Da wird ein Gefühl von Angenommen-Sein und Zugehörig-Sein-Dürfen, von Geliebt- und Wertgeschätzt-Sein, lebendig. Dort ist jede Art von Selbstruhm absolut überflüssig, unnötig und Fehl am Platze. Dort lebt die Gerechtigkeit Gottes. Da ist Glaube lebendig, ohne bewiesen werden zu müssen.

Ich wünsche uns allen, dass dieser Glaube in uns und unter uns Raum nimmt, dass wir - auch in Zweifeln und Unsicherheiten - in diesem Glauben Gottes Gegenwart - und somit einen Hauch von Ewigkeit - erleben können. Dieser Anflug von Ewigkeit ist durchaus in der Lage, die Welt zu verwandeln, zu transformieren, bzw. zu reformieren, wie es sich insbesondere für den heutigen Reformationstag gehört!

Und der Friede Gottes, der höher ist als all unsere Vernunft, bewahre unsere Herzen und Sinne in Christus Jesus. Amen.

(10) Probepredigt(en) am Volkstrauertag[54]: Römer 8,15-26: Zur Freiheit befreit

a) Vom Seufzen der Schöpfung

Gnade sei mit euch und Friede von Gott, unserem Vater, und dem Herrn Jesus Christus. Amen.

Liebe Gemeinde,

„Haaa-aaahhh!“ [tiefer Seufzer!] Ein tiefer Seufzer entweicht meiner Seele. Warum? Etwa, weil heute Volkstrauertag ist – früher auch Helden-Gedenktag genannt – und ich meiner Trauer Ausdruck verleihen möchte? Weil so Vieles unsagbar bleibt und mit Worten kaum zur Sprache gebracht werden kann? Wieso seufzen wir eigentlich? Haben Sie sich das schon einmal gefragt? Nein? Nun, in unserem heutigen Predigttext ist gleich dreifach vom Seufzen die Rede. Es geht: 1) um das ängstliche Seufzen der Schöpfung, 2) um das sehnsuchtsvolle Seufzen der „Geist-Begabten“ und 3) um das unaussprechliche Seufzen des Geistes selbst. Doch hören sie selbst – ich lese aus dem Römerbrief, Kapitel 8, die Verse 15 bis 26. Paulus schreibt:

---

[54] (14.11.2010)

Denn ihr habt nicht einen knechtischen Geist empfangen, dass ihr euch abermals fürchten müsstet; sondern ihr habt einen kindlichen Geist empfangen, durch den wir rufen: Abba, lieber Vater! Der Geist selbst gibt Zeugnis unserm Geist dass wir Kinder Gottes sind. Sind wir aber Kinder, so sind wir auch Erben, nämlich Gottes Erben und Miterben Christi, wenn wir denn mit ihm leiden, damit wir auch mit zur Herrlichkeit erhoben werden. Denn ich [Paulus] bin überzeugt, dass dieser Zeit Leiden nicht ins Gewicht fallen gegenüber der Herrlichkeit, die an uns offenbart werden soll. Denn das ängstliche Harren der Kreatur wartet darauf, dass die Kinder Gottes offenbar werden. Die Schöpfung ist ja unterworfen der Vergänglichkeit – ohne ihren Willen, sondern durch den, der sie unterworfen hat –, doch auf Hoffnung. Denn auch die Schöpfung wird frei werden von der Knechtschaft der Vergänglichkeit zu der herrlichen Freiheit der Kinder Gottes. Denn wir wissen, dass die ganze Schöpfung bis zu diesem Augenblick mit uns seufzt und sich ängstet. Nicht allein aber sie, sondern auch wir selbst, die wir den Geist als Erstlingsgabe haben, seufzen in uns selbst und sehnen uns nach der Kindschaft, der Erlösung unseres Leibes. Denn wir sind zwar gerettet, doch auf Hoffnung. Die Hoffnung aber, die man sieht, ist nicht Hoffnung; denn wie kann man auf das hoffen, was man sieht? Wenn wir aber auf das hoffen, was wir nicht sehen, so warten wir darauf in Geduld. Desgleichen hilft auch der Geist unserer Schwachheit auf. Denn wir wissen nicht, was wir beten sollen, wie sich´s gebührt; sondern der Geist selbst vertritt uns mit unaussprechlichem Seufzen.[55]

So weit der Predigttext. Was können wir diesem Text an Erkenntnis abgewinnen? Das Seufzen ist Teil unserer Kreatürlichkeit.

So lautet es im letzten Psalm-Vers (Psalm 150,6):

---

[55] Lutherbibel, revidierter Text 1984, durchgesehene Ausgabe, © 1999 Deutsche Bibelgesellschaft, Stuttgart.

Alles, was Odem hat, lobe den HERRN! Halleluja![56]

Alles, was atmet, lobt darin bereits Gott den Schöpfer, der alles Atmende geschaffen hat. So, wie ein Gähnen ansteckend wirkt und zur Nachahmung rät, so kann auch ein Seufzer zutiefst befreiend sein und den Nächsten dazu animieren, es sich ebenfalls befreit ums Herz werden zu lassen. Ich möchte Sie herzlich einladen, wenn es auch ungewöhnlich erscheinen mag, einzustimmen in das Seufzen der Kreatur: „Haaa – aaah" – ein tiefes Einatmen – gefolgt von einem langen Ausatmen gibt unserer Natur das, was sie dringend benötigt: Zeit für Kreation und Rekreation. In einem Zeitalter der Beschleunigung, in dem alles immer schneller und fortschrittlicher vonstatten zu gehen hat, folgen schnell körperliche Zustände der Erschöpfung bis hin zum Burn-Out-Syndrom, dem Ausgebranntsein. Da wird ein Mensch dann sprichwörtlich atemlos. Vernachlässigt seinen Bedarf an Stille und Einkehr. Von der Schöpfung können wir es wieder lernen, das rechte Seufzen. Wir brauchen uns des Seufzens nicht zu schämen. Wir sind damit quasi originär ausgestattet. Das Seufzen ist Ausdruck einer großen Hoffnung – einer Hoffnung, die uns in Geduld warten lässt. Paulus konstatiert ganz nüchtern: Ja, es gibt Leid und Leiden in dieser Welt, unsere Körper sind der Vergänglichkeit preisgegeben. Darin ist es legitim, auch einmal vor Angst zu seufzen. Doch in dieser Angst müssen wir nicht stecken bleiben. Das Hoffen lässt uns Ausschau halten nach dem, was uns zugesagt ist: Kinder Gottes zu sein, als Kinder Gottes offenbart zu werden. Wir, die wir mit Christus mitleiden, werden auch mit ihm zur Herrlichkeit erhoben werden, unser Leib soll ebenfalls Erlösung finden. Wir müssen nicht mithalten in einer Gesellschaft die sich damit zu brüsten versucht, bereits alles zu haben und alles zu sein. Es heißt ja auch nicht in den Seligpreisungen: Selig sind, die da satt sind, denn es geht ihnen gut, sondern (Matthäus 5,6):

[56] Lutherbibel, revidierter Text 1984, durchgesehene Ausgabe, © 1999 Deutsche Bibelgesellschaft, Stuttgart.

Selig sind, die da hungert und dürstet nach der Gerechtigkeit [Gottes]; denn sie sollen satt werden.[57]

Im Hungern und Dürsten nach Gottes Gerechtigkeit, in der sehnsuchtsvollen Erwartung der herrlichen Freiheit dürfen wir hoffend darauf vertrauen, vom [Heiligen] Geist selbst vertreten zu werden. Eine andere Übersetzung formuliert (Römer 8,22):

Wir wissen, dass die ganze Schöpfung bis jetzt noch vor Schmerzen stöhnt wie eine Frau bei der Geburt.[58]

Dieses Bild von den Wehen, von den Seufzern unter der Geburt, dürfte uns vor Augen halten, dass das Leiden kaum ins Gewicht fällt im Vergleich zur ausstehenden und erhofften Herrlichkeit. Wenn Ihnen das nächste Mal ein Seufzer über die Lippen kommt, dann denken Sie doch einfach daran, beharrlich hoffend nach der Herrlichkeit Gottes Ausschau zu halten.

Amen.

b) Dieser Zeit Leiden

Liebe Gemeinde.

Wir nähern uns dem Ende. Was? Das Rede von „Endzeit“ in einem volkskirchlichen Gottesdienst? Nein, vorerst ganz lapidar: Wir nähern uns dem Ende des Kirchenjahres: der heutige Volkstrauertag ist liturgisch betrachtet

---

[57] Lutherbibel, revidierter Text 1984, durchgesehene Ausgabe, © 1999 Deutsche Bibelgesellschaft, Stuttgart.

[58] Die Bibel in heutigem Deutsch (Gute Nachricht), © 1982 Deutsche Bibelgesellschaft, Stuttgart.

der „vorletzte Sonntag im Kirchenjahr". Am kommenden Sonntag, dem sogenannten Totensonntag – auch Ewigkeitssonntag genannt – ist der letzte Sonntag des Kirchenjahres. Anschließend beginnt mit dem 1. Advent ein neuer Zyklus, ein neuer „christlicher Festkreis". Kalendarisch lassen sich die Zeiten anders betrachten und benennen: da haben wir noch gut 7 Wochen Zeit bis zum sog. Jahresende. Doch sind wir auch in dieser Zählweise bereits im vorletzten Monat des Jahres angelangt. Nun gut, mag sich der ein oder die andere denken. Und was soll das jetzt? Sollen jetzt schon die einzelnen Monate innerhalb einer Predigt – quasi homiletisch „verhackstückt" werden? Vergeht nicht ein Tag wie der andere, eine Woche wiederum die vorige und nächste, ein Monat nach dem anderen, ein Jahr ums andere? Was soll daran so Besonderes sein: jeder und jede wird jedes Jahr ein Jahr älter, es sei denn, er erlebt es nicht mehr. Ist das nicht der Lauf der Dinge, den es hinzunehmen gilt? Muss nicht jede/r im Laufe seines/ihres Lebens zum selben Schluss gelangen? Wir sind alle sterblich und leben unaufhörlich auf den, unseren eigenen, persönlichen, individuellen, unvermeidbaren Tod hin! Wird das heute so ein depressiv-melancholischer Gottesdienst – meine Güte, bloß kein Wühlen in alten Verletzungen – bloß keine Benennung alter Totenfelder aus vergangenen Jahrzehnten, Jahrhunderten, ja, gar aus dem letzten Jahrtausend! Bloß nicht an Schmerzpunkte rühren, keine Schuldfrage stellen, keine Schuldzuweisungen formulieren, keine Wunden aufreißen, nicht durch die Thematik des einstigen Heldengedenktages – jetzigen Volkstrauertages – an zurückgelassene Schlachtfelder erinnern! Doch wie ist dann umzugehen mit dem Leid, dem erinnerten Leid aus der Vergangenheit, den überlebten ausgehaltenen Schmerzen – und wie vor allem ist umzugehen mit dem gegenwärtigen Leid, mit dem Unausweichlichen, das auf uns trifft und betroffen macht? Sollen wir es uns vom Leib zu halten bemüht sein, um mithalten zu können in einer Spaßgesellschaft und Unterhaltungskultur? Oder sollen wir uns hinein stürzen und fallen lassen und somit herausfallen aus unseren Sicherheiten und hinein fallen in die Arme des Todes? Gibt es nicht einen anderen Umgang mit Leid und Schmerz, Traurigkeit und Angst, Scheitern und Versagen, Einsamkeit und Verlustängsten, mit der Dunkelheit, wie sie uns gerade in diesen Novembertagen von früh nachmittags bis spät vormittags zu umhüllen scheint? Besteht nur die Möglichkeit entweder eine handhabbare Seligkeit an den Tag zu legen und alles Unpassende wegzustecken? Wie gehen wir mit all dem um, was nicht hinein gehört in das uns von uns selbst als Christen an Glaube, Liebe und Hoffnung Abverlangte? Schauen wir einmal nach, was uns Vorausgegangene – in Bezug auf eben diese „akute" Fragestellung – voraus haben. Vor knapp zweitausend Jahren verfasste Paulus einen Brief an die Gemeinde in Rom. Ich lese aus dem Römerbrief Kapitel 8, die Verse 18-25:

Denn ich [Paulus] bin überzeugt, dass dieser Zeit Leiden nicht ins Gewicht fallen gegenüber der Herrlichkeit, die an uns offenbart werden soll. Denn das ängstliche Harren der Kreatur wartet darauf, dass die Kinder Gottes offenbar werden. Die Schöpfung ist ja unterworfen der Vergänglichkeit – ohne ihren Willen, sondern durch den, der sie unterworfen hat –, doch auf Hoffnung. Denn auch die Schöpfung wird frei werden von der Knechtschaft der Vergänglichkeit zu der herrlichen Freiheit der Kinder Gottes. Denn wir wissen, dass die ganze Schöpfung bis zu diesem Augenblick mit uns seufzt und sich ängstet. Nicht allein aber sie, sondern auch wir selbst, die wir den Geist als Erstlingsgabe haben, seufzen in uns selbst und sehnen uns nach der Kindschaft, der Erlösung unseres Leibes. Denn wir sind zwar gerettet, doch auf Hoffnung. Die Hoffnung aber, die man sieht, ist nicht Hoffnung; denn wie kann man auf das hoffen, was man sieht? Wenn wir aber auf das hoffen, was wir nicht sehen, so warten wir darauf in Geduld.[59]

---

[59] Lutherbibel, revidierter Text 1984, durchgesehene Ausgabe, © 1999 Deutsche Bibelgesellschaft, Stuttgart.

So weit der paulinische Text. Ja und, was hat uns dieser Text zu sagen, er wurde nicht an uns adressiert, ist schon zweitausend Jahre alt, kaum verständlich, kommt in einer Übersetzung Luthers daher, die ebenfalls in die Jahre gekommen ist, schon fünfhundert Jahre alt. Warum umgeben wir uns mit solch altem Kram? Weder leben wir in Rom, nein viel mehr wohnen wir in einzelnen W.-dörfern. Wir sind bereits im dritten Jahrtausend angekommen, haben bereits Menschen auf den Mond entsandt, andere in den Weltraum geschickt. Wieso sollten wir noch an antiquierten Texten festhalten, wir haben Medien, die uns 24 Stunden rund um die Uhr bespaßen – Wozu eine Auseinandersetzung mit so unerfreulichem, schwer verdaulichen, wirren Gerede aus einer anderen Vorstellungswelt?
Nun, so fremd uns auch manche Formulierungen anmuten, so eigenartig der ein oder andere Ausdruck daher kommen mag, so sehr gibt auch ein zweitausend Jahre alter Text Erfahrungen wieder, die, unabhängig von Epoche und Mode, Zeitgeist und Mainstream, nach wie vor noch ihre zutreffende Botschaft auch an uns überliefern können, weiterreichen über Jahrtausende hinweg – hierher an uns: die ev. Kirchengemeinde in B., im Kirchenkreis A., in der Evangelischen Kirche im R., innerhalb der EKD, usw. Nun, endlich zu den Inhalten: was ist denn die Antwort auf die eben gestellte Frage nach dem Umgang mit Leid – unter seligem Anspruch? Paulus formuliert es bereits im ersten Satz seines Textes, indem er in Vers 18 seine persönlich gereifte Überzeugung kundtut: „Ich bin überzeugt, dass dieser Zeit Leiden nicht ins Gewicht fallen gegenüber der Herrlichkeit, die an uns offenbart werden soll." Er bestätigt damit, ja, es gibt Leiden in dieser Zeit, sie müssen nicht weg diskutiert werden, sie gehören einfach zur Gegenwart dazu. Doch, auch wenn der aktuelle Zustand Leiden verursacht, so ist es dennoch kein Grund zu resignieren, an Gott und der Welt zu verzweifeln. Denn das Leid und die Leiden, so viele es auch sein mögen, so schwer sie auch wiegen, so sehr sie uns auch beugen und niederdrücken, diese Leiden wiegen niemals das auf, was uns an Herrlichkeit zugesagt ist, fallen nichts ins Gewicht im Vergleich

zur Herrlichkeit, welche uns bevorsteht, welche an uns offenbart werden soll. Das Leiden ist ein „Klacks“ im Hinblick auf die zu offenbarende Herrlichkeit! Uns wird allein schon mit diesem Satz ein Horizont eröffnet, der im Fokus auf das Leiden allein, unsichtbar und unentdeckt zu bleiben droht. Uns werden die Augen geöffnet für etwas, das noch aussteht, welches uns bevorsteht, uns erwartet, an uns gezeigt werden soll und wird. Weiterhin gibt uns Paulus eine Erklärung für diesen Zustand des Leidens, indem er folgendermaßen die Ursache benennt (Vers 20 bzw. 21): „Die Schöpfung ist der Vergänglichkeit unterworfen.“ Sie steckt fest im Zustand einer „Knechtschaft der Vergänglichkeit“, nicht aus eigenem Willen oder Lust an der Qual, sondern, wie es in Vers 20 heißt, „durch den, der sie unterworfen hat“. Wir, die wir als Geschöpfe Gottes in Gottes Schöpfung eingeschlossen sind, sind mitsamt der Schöpfung der Vergänglichkeit anheimgestellt. Doch nicht, um endlos in jenem Leid an der Vergänglichkeit, im Wissen um unseren eigenen bevorstehenden Tod, steckenzubleiben. Wir sind nicht verdammt auf alle Zeiten. Wir sind nicht einem ewig gültigen unberechenbaren Schicksal preisgegeben und ausgeliefert. Wir müssen nicht dulden und schlucken, sklavisch geknechtet und unterdrückt bleiben, bis wir elendig zugrunde gehen und krepieren. Uns ist – schon jetzt, inmitten dieser Leidenszeit – etwas eingepflanzt, das uns über die Vergänglichkeit hinaus blicken lässt: „Hoffnung“. Paulus entwirft quasi mit wenigen Sätzen, mit nur acht biblischen Versen, ein gesamtes Szenario, eine Welt-(An-)Sicht, die uns hoffen lässt. Alle möglichen Betrachtungsweisen und Lebensarten werden auf eine Art „Drei-Schritt“ reduziert, die sich wie folgt darstellt: 1) das Leiden der jetzigen Zeit, 2) die darüber hinaus reichende Hoffnung auf 3) die noch ausstehende Herrlichkeit der Kinder Gottes.

1) Zu dem Leiden dürfen wir alles rechnen, was uns einfällt und bedrückt, auch wenn dies historisch betrachtet unangemessen erscheint: Vom Leiden an einer konkreten Krankheit über die Angst vor einer bevorstehenden Prüfung hin zum Trauerfall innerhalb der Familie. Vom Gekränktsein wegen einer

verletzenden Bemerkung über die Wut auf den Vorgesetzten bis hin zum Verlust des Arbeitsplatzes. Von der Sorge in Bezug auf finanzielles „Überleben“ über die Scham wegen übler Nachrede bis hin zum Betrogenwordensein vom Partner. Kein Leiden ist zu unmenschlich oder übermenschlich, als dass es hier ausgeklammert werden müsste oder dürfte: die Leiden gehören dazu. Doch wir brauchen nicht darin zu verharren, zu versumpfen, darin unterzugehen, es gibt etwas, das Licht ins Dunkle zu bringen vermag:

2) Eine Hoffnung auf das was noch aussteht, eine Hoffnung, die über das hinausgeht, was wir unmittelbar vor Augen haben. Diese Hoffnung ist nicht etwa nur ein abstrakter Gedanke, eine Theorie, ein Hirngespinst, eine Utopie, „Opium für´s Volk“, Vertröstung, oder ähnliches, diese Hoffnung ist auch nicht nur eine für vereinzelte Personen, Intellektuelle, die sich ein derartiges Konstrukt zusammen „klamüsern“, nein, diese Hoffnung umgreift den Menschen in seiner ganzen Kreatürlichkeit, mit Leib und Seele, Haut und Haar, das „Gesamtpaket Mensch“. Diese Hoffnung ist zudem weitaus umfassender, als sich ausschließlich auf den Menschen als Krone der Schöpfung zu beschränken: Sie ist keineswegs exklusiv, sondern betrifft die gesamte Schöpfung, jedwede Kreatur, jedes Lebewesen, ja das Leben allumfassend. Und diese Hoffnung ist nicht ins Leere gerichtet, keine Hoffnung um der Hoffnung wegen, kein „l´art pour l´art“, diese Hoffnung ist konkret. Sie zielt geradewegs auf das, was Inhalt der paulinischen Überzeugung ist, wonach sich alle Kreatur seufzend und lechzend verzehrt:

3) Die Herrlichkeit der Kinder Gottes, das Offenbarwerden der Kinder Gottes, die herrliche Freiheit der Kinder Gottes. In Vers 21 heißt es: „Denn auch die Schöpfung wird frei werden von der Knechtschaft der Vergänglichkeit zu der herrlichen Freiheit der Kinder Gottes.“ Was uns bevorsteht hat also nichts mehr gemein mit dem, was uns knechtet und bindet, einengt und zu erdrükken droht: wir sollen frei werden. Diese Freiheit ist ebensowenig abstrakt gemeint wie die Hoffnung, von der schon die Rede war. Die Freiheit beinhaltet radikal Konkretes: Vers 23 lautet: „Nicht allein aber sie [die Schöpfung], son-

dern auch wir selbst, die wir den Geist als Erstlingsgabe haben, seufzen in uns selbst und sehnen uns nach der Kindschaft, der Erlösung des Leibes.“ Ganz konkret soll unser Leib erlöst werden. All das, was wir sonst hauptsächlich aus Beerdigungsritualen kennen, soll erfüllte Realität werden. Vergleiche 1. Korinther 15, die Verse 42f.:

So auch die Auferstehung der Toten. Es wird gesät verweslich und wird auferstehen unverweslich. Es wird gesät in Niedrigkeit und wird auferstehen in Herrlichkeit. Es wird gesät in Armseligkeit und wird auferstehen in Kraft.[60]

Die Erlösung von einem vergänglichen und verweslichen Leib steht uns bevor. Vorstellungen, wie wir sie aus dem Buch der Offenbarung kennen, sollen dann an uns offenbart werden. Offenbarung 21, die Verse 1, 3 bis 5a:

Und ich sah einen neuen Himmel und eine neue Erde; denn der erste Himmel und die erste Erde sind vergangen, und das Meer ist nicht mehr. [...] Und ich hörte eine große Stimme von dem Thron her, die sprach: Siehe da, die Hütte Gottes bei den Menschen! Und er wird bei ihnen wohnen, und sie werden sein Volk sein und er selbst, Gott mit ihnen, wird ihr Gott sein; und Gott wird abwischen alle Tränen von ihren Augen, und der Tod wird nicht mehr sein, denn das Erste ist vergangen. Und der auf dem Thron saß, sprach: Siehe, ich mache alles neu! [...][61]

Das, was uns noch weit entrückt zu sein scheint, das, was wir erst in aller fernster Zukunft uns zu denken trauen, das alles wird uns zugesagt. Diese Erwartungshaltung wird uns abverlangt, diese Zuversicht wird von uns erwartet. Wir dürfen, wir sollen Erwartende sein, Hoffende! Gemeinsam mit der

[60] Lutherbibel, revidierter Text 1984, durchgesehene Ausgabe, © 1999 Deutsche Bibelgesellschaft, Stuttgart.
[61] Lutherbibel, revidierter Text 1984, durchgesehene Ausgabe, © 1999 Deutsche Bibelgesellschaft, Stuttgart.

Schöpfung dürfen und sollen wir einstimmen in die Sehnsucht der Schöpfung nach Erlösung von der Vergänglichkeit! Gemeinschaftlich inmitten und umgeben von aller Kreatur können wir unser Seufzen, sei es auch ängstlicher Natur, getrost zum Ausdruck bringen! Wir benötigen keine Coolness, die „Hammer“ ist, wir müssen und sollen uns nichts vormachen, weder uns selbst, noch unseren Nächsten. Wir brauchen nicht die Gesättigten abzugeben, die, die alles satt haben, wir brauchen uns unserer Bedürftigkeit nicht und keineswegs zu schämen. Es heißt ja auch nicht dickbäuchig: „Selig sind, die da satt sind.“, sondern:

Selig sind, die da hungert und dürstet nach der Gerechtigkeit; denn sie sollen satt werden.[62]

In Matthäus 5 Vers 6 spricht Jesus innerhalb seiner Bergpredigt genau die selig, die sich verzehren vor Sehnsucht. Inmitten allen Leides sollen und dürfen wir Hoffende sein. Doch Paulus, der es mit vielerlei Hoffnungsvorstellungen in seiner Umwelt zu tun hatte, benennt korrigierend in Vers 24: „Die Hoffnung aber, die man sieht, ist nicht Hoffnung; denn wie kann man auf das hoffen, was man sieht?“ Wie oft klammern wir uns an Hoffnungen, die für den Moment zwar Trost verheißen mögen, aber in Wirklichkeit nur billige Vertröstungen sind? Wir sehnen uns beim Wachwerden am frühen Morgen schon wieder nach unserem nächsten Nachtschlaf, der die Tageslast zu vergessen verspricht. Wir sehnen uns am Wochenanfang bereits zum nächsten Wochenende hin und hoffen, damit die Last der Arbeitswoche schon überbrückt zu haben. Wir sehen uns am Ende der Ferien bereits nach einem weiteren Urlaub, der uns verheißt, ein wenig unseren Alltag hinter uns lassen zu können. Wenn wir klein sind, sehnen wir uns danach erwachsen und groß zu sein, wenn wir alt sind, sehnen wir uns nach einem ewigen Jungbrunnen. In-

[62] Lutherbibel, revidierter Text 1984, durchgesehene Ausgabe, © 1999 Deutsche Bibelgesellschaft, Stuttgart.

nerhalb der Schulzeit sehnen wir uns nach Freiheit einer eigenständigen Arbeit, während des Arbeitslebens nach dem wohlverdienten Ruhestand. Sind das angemessene Hoffnungen und was erreichen wir damit? Kann uns ein Stück vorausgeschickte Hoffnung das Leben erträglicher machen?
Paulus hat den trügerischen Charakter falscher, da sichtbarer Hoffnungen erkannt und entlarvt. Wahrhaftige Hoffnung benennt Paulus in Vers 25 so: „Wenn wir aber auf das hoffen, was wir nicht sehen, so warten wir darauf in Geduld." Wir können mit und in Hoffnung „schwanger gehen". Ja, das Bild der Schwangerschaft wird in manchen Übersetzungen der Hoffnungspassage sogar noch weiter ausgemalt und bildlich ausgeführt. Die Gute Nachricht übersetzt Vers 22 wie folgt:

Wir wissen, dass die ganze Schöpfung bis jetzt noch stöhnt und in Wehen liegt wie eine Frau bei der Geburt.[63]

Die Metapher von Schwangerschaft und Geburt vermag uns weitaus mehr zu veranschaulichen, was uns sonst nur schwer zugänglich zu sein scheint: In dem Zustand „in guter Hoffnung" also schwanger zu sein, liegt das, was eines Tages offenbar(t) werden soll, noch unbegreiflich verborgen. Können unsere Augen es auch nicht – so ohne weiteres – erkennen und im Sehen greifbar machen, so ist dennoch etwas deutlich spürbar vorhanden. Da wächst unter unserem Herzen etwas heran, was ans Tageslicht kommen will, was zur Welt gebracht werden will, auf die Welt zu kommen vorhat. Es entwickelt sich etwas Lebendiges, etwas Unvorhersagbares, etwas Eigenständiges, das einer neuen Zukunft zum Anbruch verhelfen kann und wird. Dennoch ist der Akt des Gebärens, so sehr er auch unter der Hoffnung auf Erlösung, auch des Leibes stehen mag, ein schmerzvoller Prozess. Es gibt keinen Sprung hin zur Erlösung, der diesen Schmerz und das Stöhnen zu umgehen vermag,

[63] Gute Nachricht Bibel, revidierte Fassung, durchgesehene Ausgabe, © 2000 Deutsche Bibelgesellschaft, Stuttgart.

Schwangerschaft mündet in Wehen und Geburt. Ebenfalls gibt es keine Abkürzung, keinen Schleichweg, der die Zeit der Schwangerschaft, die Zeit des hoffnungsvollen Wartens annullieren könnte. Es geht um das Warten, das In-Erwartung-Sein, das Warten in Geduld, so wie wir uns in der Adventszeit wartend in Richtung Weihnachten sehnen. Der Theologe Paul Tillich schreibt zum Thema „Warten“:
„Wer in einem unbedingten Sinn wartet, der ist nicht weit von dem entfernt, worauf er wartet. Wer mit absoluter Ernsthaftigkeit wartet, ist schon von dem ergriffen, worauf er wartet. Wer in Geduld wartet, hat schon von dem empfangen, auf das er wartet. Wer leidenschaftlich wartet, trägt Gottes Kraft in sich und wird fähig, Leben und Geschichte zu verändern.“
Ich wünsche uns allen diese Fähigkeit, hoffnungsvoll warten zu können: unbedingt, absolut, geduldig und leidenschaftlich.

Amen!

c) Hoffnung und Gewissheit

Liebe Gemeinde!

Selig sind, die da hungert und dürstet nach der Gerechtigkeit; denn sie sollen satt werden.[64]

So lautet eine der acht Seligpreisungen Jesu aus dem Matthäusevangelium (Matthäus 5,6). Wieso kann der Vers nicht einfach heißen: „Selig sind, die da satt sind“? Entspräche das nicht viel eher unserer Denke und Vorstellungswelt? Wollen wir nicht viel lieber satt sein als hungrig und durstig? Wir wollen

[64] Lutherbibel, revidierter Text 1984, durchgesehene Ausgabe, © 1999 Deutsche Bibelgesellschaft, Stuttgart.

haben, alles was satt macht, alles was zufrieden macht? Wir sammeln, wir häufen an, alles was uns in die Quere kommt: Von der Sättigungsbeilage bis Sat(t)1: nach mehr giert es uns. Woher der ganze Hunger, der gefräßig verschlingt und haben will? Ist das ein Zeichen wahren Gesättigtseins? Wieso können wir nicht ein für alle mal genug haben! Wie wir es auch drehen und wenden, wie wir es uns auch zurechtbiegen wollen, es lautet nun einmal unabänderlich: Selig, die nach der Gerechtigkeit Gottes Hungernden und Dürstenden – sie sollen satt werden.

Haben wir es nicht manchmal tüchtig satt, all das ganze Schlingen und Würgen, der Versuch, all unsere Bedürfnisse und Bedürftigkeiten zu stillen und zum Erliegen zu bringen? – Ohne Erfolg. Gerade satt geworden, tut sich da schon ein neuer Hunger, ein neuer Schlund auf. Warum ist die Gerechtigkeit Gottes nicht einfach habhaft zu machen? Dann könnten alle satt sein – dann wären alle gesättigt – dann könnten alle selig sein. Doch wo hält sich eigentlich unser Hunger und Durst nach Gottes Gerechtigkeit verborgen? Sind wir überhaupt noch in der Lage, unser Hungern und Dürsten nach Gott zu spüren? Nehmen wir überhaupt noch unsere Sehnsucht wahr, nach der Gerechtigkeit unseres Gottes? Wo ist unsere Hoffnung geblieben – auf das wahre und wirkliche Leben – etwa auf der Strecke?

Ich lese einen Abschnitt aus dem Paulusbrief an die Römer, Kapitel 8, die Verse 18 bis 25:

Denn ich bin überzeugt, dass dieser Zeit Leiden nicht ins Gewicht fallen gegenüber der Herrlichkeit, die an uns offenbart werden soll. Denn das ängstliche Harren der Kreatur wartet darauf, dass die Kinder Gottes offenbar werden. Die Schöpfung ist ja unterworfen der Vergänglichkeit – ohne ihren Willen, sondern durch den, der sie unterworfen hat –, doch auf Hoffnung. Denn auch die Schöpfung wird frei werden von der Knechtschaft der Vergänglichkeit zu der herrlichen Freiheit der Kinder Gottes. Denn wir wissen, dass die ganze Schöpfung bis zu diesem Augenblick mit uns seufzt und sich ängstet.

Nicht allein aber sie, sondern auch wir selbst, die wir den Geist als Erstlingsgabe haben, seufzen in uns selbst und sehnen uns nach der Kindschaft, der Erlösung unseres Leibes. Denn wir sind zwar gerettet, doch auf Hoffnung. Die Hoffnung aber, die man sieht, ist nicht Hoffnung; denn wie kann man auf das hoffen, was man sieht? Wenn wir aber auf das hoffen, was wir nicht sehen, so warten wir darauf in Geduld.[65]

Es geht darum, das Hoffen zu erlernen oder wieder zu erlernen. Nicht das Hoffen auf die nächste Landtagswahl, die nächste Fernreise, den übernächsten Partner. Keine Hoffnung auf etwas sicht- oder greifbares, nein, sondern quasi „unsichtbare Hoffnung". Was kann uns der Predigttext dazu sagen, wie kann er uns behilflich sein, Hoffnung zu spüren?
Zumindest korrigiert er schon einmal viele eingeschlichene Missverständnisse und räumt damit auf. Er macht vor allem schon einmal klar, dass das, was man vor Augen hat, keiner Hoffnung bedarf. Hoffnung nimmt das an, was gegeben ist und geht darüber hinaus. Wir sind der Vergänglichkeit anheimgestellt, wir unterliegen der Knechtschaft des Todes. Doch soll dies kein absolutes Aus für die Hoffnung bedeuten – im Gegenteil. Gerade inmitten dieser vergänglichen Welt, in der wir voller Angst und Furcht existieren, seufzen und ächzen, stöhnen und leiden, wird unsere tiefste, innerste Sehnsucht wach: wir lechzen nach der Herrlichkeit Gottes, wir verzehren uns nach der wahren Freiheit. Umgeben sind wir von Leid und Geschrei, von Tod und Sterben – heute am Volkstrauertag wird diesbezüglich erinnert – doch inmitten aller Trauer, in allem Schmerz dürfen wir an der Hoffnung festhalten. Keiner beschwichtigenden Hoffnung, die alles Übel wegdrängen und verheimlichen will. Nein, an einer echten Hoffnung, die, wie Paulus, uns voller Überzeugung lassen kann, dass diese Leiden der gegenwärtigen Zeit nicht ins Gewicht fallen im Vergleich zur Herrlichkeit! Auf uns wartet noch Großes – auch und gerade

[65] Lutherbibel, revidierter Text 1984, durchgesehene Ausgabe, © 1999 Deutsche Bibelgesellschaft, Stuttgart.

dann, wenn wir es nicht sehen können. Nicht nur wir allein warten und harren, jeder einzelne einsam für sich ganz allein, nein, die gesamte Schöpfung, alle Kreatur ist in dieses sehnsuchtsvolle Seufzen eingeschlossen. Alle Geschöpfe Gottes warten sehnsuchtsvoll auf die Offenbarung von Gottes Herrlichkeit. Alles unter den Tod Geknechtete wird befreit werden zur wahren Kindschaft Gottes. In Geduld dürfen wir auf die Erlösung hoffen und geduldig warten – inmitten allem Leid. Auf Gottes Gerechtigkeit zu hoffen, nach ihr zu hungern und zu dürsten lässt uns satt werden. Darum: Selig die Hungrigen und Durstigen nach der Gerechtigkeit Gottes.

Und der Friede Gottes, der höher ist als all´ unsere menschliche Vernunft, bewahre unsere Herzen und Sinne in Christus Jesus. Amen.

(11) Vorletzter Sonntag des Kirchenjahres[66]: Matthäus 25,31-46: Vom Weltgericht

Liebe Gemeinde!

Den heutigen Predigttext kennen Sie bereits alle, Herr V. hat ihn soeben als Evangelienlesung vorgelesen. So, wie sich der gesamte Gottesdienst heute mit dem Thema „Welt-Gericht“ beschäftigt, behandelt auch der heutige Predigttext dieses Thema. Ich weiß nicht, wie es Ihnen mit diesem Thema geht, mir wurde, gerade mithilfe dieses Textes, kräftig Angst eingejagt: Ein Weltenrichter teilt die gesamte Menschheit ein in Gerechte und Verfluchte und schickt die einen ins Reich Gottes zum ewigen Leben, die anderen in das ewige Feuer zur ewigen Strafe. Die einen sind die Gesegneten, denen das Reich Gottes von Anbeginn der Welt bereitet ist, die anderen sind die mit einem Fluch Beladenen, die dorthin, in die Gottesferne gehören, ins Feuer,

[66] (16.11.2003)

welches dem Teufel und seinen Engeln bereitet ist. Die einen sind die Lieblingskinder Gottes, die Schäfchen und Lämmchen des guten Hirten, die an seine „rechte“ Seite rücken dürfen und dort „richtig, gerecht und gut“ sind, die anderen sind die bockigen Böcke, die meckernden Ziegen und Zicken und sonstige Gehörnte, die zur Linken, zur listigen und verschlagenen Seite gestellt werden; kleine linkisch-gelinkte „Sündenböcke“, die nun die gerechte Strafe für ihre Vergehen erhalten. Tja, so fragt sich die erstaunte Leserin / der erstaunte Leser oder Hörer/in dieses Textes: Wozu gehöre denn ich? Bin ich ein Lieblingskind Gottes oder habe ich die Rolle des Verstoßenen, des „Outcast“? Und wenn schon von Anbeginn der Welt klar ist, wer das Reich Gottes ererbt und wer nicht, woher weiß ich, welcher Teil mir zugedacht ist, welchem Teil ich zugedacht bin? Wann wird endlich das Testament eröffnet, um mir Klarheit zu verschaffen darüber, wer ich bin und wozu ich gehöre? So oder so ähnlich die Fragen eines mit Gerichtsbildern dieser Art Geängstigten und Gepeinigten. Doch wohin führen dererlei Fragen: Können sie nicht einzig und allein in die Verzweiflung führen, an einen Ort, an dem sich alles nur ums „Entweder / Oder“ dreht? Entweder Himmel oder Hölle, entweder Gott oder Teufel, entweder gut oder böse, entweder weiß oder schwarz, entweder rechts oder links, entweder oben oder unten, entweder Schaf oder Bock, entweder Segen oder Fluch, entweder gerecht oder ungerecht, entweder richtig oder falsch, entweder Lob oder Tadel, entweder Leben oder Tod. Ich möchte nun mit Ihnen den Text noch einmal durchgehen, um zu sehen, ob es wirklich nur ein Text ist, der in Angst und Verzweiflung führen muss, oder ob es nicht doch noch einen anderen Inhalt gibt, der über Angst und Verzweiflung hinaus reicht. Dazu lese ich aus Matthäus 25, die Verse 31 bis 46:

Wenn aber der Menschensohn kommen wird in seiner Herrlichkeit, und alle Engel mit ihm, dann wird er sitzen auf dem Thron seiner Herrlichkeit. Und alle Völker werden vor ihm versammelt werden. Und er wird sie voneinander scheiden, wie ein Hirt die Schafe von den Böcken scheidet. Und er wird die

Schafe zu seiner Rechten stellen und die Böcke zur Linken. Da wird dann der König sagen zu denen zu seiner Rechten: Kommt her, ihr Gesegneten meines Vaters, ererbt das Reich, das euch bereitet ist von Anbeginn der Welt! Denn ich bin hungrig gewesen, und ihr habt mir zu essen gegeben. Ich bin durstig gewesen, und ihr habt mir zu trinken gegeben. Ich bin ein Fremder gewesen, und ihr habt mich aufgenommen. Ich bin nackt gewesen, und ihr habt mich gekleidet. Ich bin krank gewesen, und ihr habt mich besucht. Ich bin im Gefängnis gewesen, und ihr seid zu mir gekommen. Dann werden ihm die Gerechten antworten und sagen: Herr, wann haben wir dich hungrig gesehen und haben dir zu essen gegeben? Oder durstig und haben dir zu trinken gegeben? Wann haben wir dich als Fremden gesehen und haben dich aufgenommen? Oder nackt und haben dich gekleidet? Wann haben wir dich krank oder im Gefängnis gesehen und sind zu dir gekommen? Und der König wird antworten und zu ihnen sagen: Wahrlich, ich sage euch: Was ihr getan habt einem von diesen meinen geringsten Brüdern, das habt ihr mir getan. Dann wird er auch sagen zu denen zur Linken: Geht weg von mir, ihr Verfluchten, in das ewige Feuer, das bereitet ist dem Teufel und seinen Engeln! Denn ich bin hungrig gewesen, und ihr habt mir nicht zu essen gegeben. Ich bin durstig gewesen, und ihr habt mir nicht zu trinken gegeben. Ich bin ein Fremder gewesen, und ihr habt mich nicht aufgenommen. Ich bin nackt gewesen, und ihr habt mich nicht gekleidet. Ich bin krank und im Gefängnis gewesen, und ihr habt mich nicht besucht. Dann werden sie ihm auch antworten und sagen: Herr, wann haben wir dich hungrig oder durstig gesehen oder als Fremden oder nackt oder krank oder im Gefängnis und haben dir nicht gedient? Dann wird er ihnen antworten und sagen: Wahrlich, ich sage euch: Was ihr nicht getan habt einem von diesen Geringsten, das habt ihr mir auch nicht getan. Und sie werden hingehen: Diese zur ewigen Strafe, aber die Gerechten in das ewige Leben.[67]

[67] Lutherbibel, revidierter Text 1984, durchgesehene Ausgabe, © 1999 Deutsche Bibelgesellschaft, Stuttgart.

Soweit der Bibeltext. [Eine eigenartige Geschichte.] Die knappe Einleitung lautet: Der Menschensohn teilt die Völker in zwei Gruppen: Eine stellt er nach rechts und die andere nach links. Darauf folgen zwei Dialoge: Der König sagt den Rechten, dass sie gesegnet seien und begründet es. Die Rechten fragen nach, der König gibt eine Antwort. Der König sagt den Linken, dass sie verflucht seien und begründet es. Die Linken fragen nach, der König gibt eine Antwort. Anschließend erfolgt der krönende Abschluss: Die Rechten erhalten das ewige Leben und die Linken die ewige Strafe. Ganz plausibel erscheint mir die Geschichte noch immer nicht. Will sie mir damit etwa sagen, dass ich das ewige Leben erhalte, weil ich einen Kranken besuche und die ewige Strafe, wenn ich es unterlasse, einem Durstigen etwas zu trinken zu geben? Die Passage steht im Zusammenhang der Erzählungen Jesu über das Ende der Welt. Zu deren Beginn heißt es (Matthäus 24,3):

Und als er [Jesus] auf dem Ölberg saß, traten seine Jünger zu ihm und sprachen, als sie allein waren: Sage uns, wann wird das geschehen? Und was wird das Zeichen sein für dein Kommen und für das Ende der Welt?[68]

Zu Jesu Antworten zählt auch unser Text. Jesus erzählt seinen Jüngern eine bildhafte Geschichte: Dass Jesus kommt, können wir daran erkennen, dass der Menschensohn kommt. Der Menschensohn wird kommen in seiner Herrlichkeit. Der Menschensohn ist Menschenkind und Gotteskind zugleich. Er ist Gegenüber Gottes und verkörpert Gottes Weisheit und Gerechtigkeit. Er hat eine richterliche Befugnis und kann ungerecht Gerichtetes zurechtrücken. Seine Herrlichkeit ist die Macht Gottes und eine Kraft, die zur Verwandlung führen kann. Alle Engel werden mit ihm kommen. Die Engel stellen Gottes Allwissenheit und Allgegenwart dar. Wo sie erscheinen, bricht die jenseitige

[68] Lutherbibel, revidierter Text 1984, durchgesehene Ausgabe, © 1999 Deutsche Bibelgesellschaft, Stuttgart.

Welt in diese Welt hinein. Er wird sitzen auf dem Thron seiner Herrlichkeit. Sitzen gilt als Zeichen herrschaftlicher, gottheitlicher Würde. Erst der auf dem Thron sitzende König, kann die Herrschaft ergreifen. Alle Völker werden vor ihm versammelt werden. Ein Volk bezeichnet eine Menge, eine Schar oder Sippe, bzw. das, was durch Gewohnheit zusammengehört. In dieser Versammlung sammeln sich die Völker, ähnlich, wie man sich in einer Gemeinde oder Kirche versammelt. Dann wird er die Völker voneinander scheiden. Er wird sie voneinander trennen, auswählen und absondern. Er scheidet die Völker, wie ein Hirt die Schafe von den Böcken scheidet. Ein Hirte muss unermüdlich hilflose Tiere umsorgen. Er muss fürsorglich, umsichtig und geduldig sein. Er muss Weiden, Tränken, Ruhen und Weiterziehen aufeinander abstimmen können. Er muss seine Herde besonders nachts gegen wilde Tiere und Räuber verteidigen. Er muss sich teilweise für seine Herde aufopfern. Schafe gelten als gutmütige und wehrlose Tiere, die sich ohne die Führung eines Hirten ziellos zerstreuen. Schafe irren umher und erliegen den Gefahren der Wildnis, sie brauchen einen kundigen Hirten, der sie zu den richtigen Weideplätzen führt. Schafe sind sehr schutzbedürftig und müssen sich der Führung ihres Hirten anvertrauen. Mit Bock kann der Ziegenbock oder der Widder gemeint sein. Der Bock ist das Leittier der Herde. Er dient als Bild für die Führenden und Großen der Erde mit ihrer gewalttätigen, selbstsüchtigen Herrschaft. Die Schafe werden zur Rechten gestellt, die Böcke zur Linken. Die rechte Seite gilt als gebührende und Glücks verheißende. Sie symbolisiert Beständigkeit, Macht und Erfolg. Die Rechte ist ein Ehrenplatz und bedeutet Erhöhung. Zur Rechten Gottes zu sitzen heißt Mitregentschaft Gottes. Gott tut alles durch den, der zu seiner Rechten sitzt. Die linke Seite hingegen steht oft für die unheilvolle Seite. Im Gericht stehen die Verfluchten links. Allerdings hat das „zur Rechten Gottes“ kein „zur Linken Gottes“ neben sich. Dann wird der König sagen zu denen zu seiner Rechten. Mit König ist hier Christus, der Menschensohn gemeint. Der Würdename kann nur dem Messias zukommen. Er spricht: Kommt her, ihr Gesegneten meines Vaters! Die

Gesegneten des Vaters sind die von Gott Gepriesenen und Gelobten. Der Inhalt des Segens besteht darin, dass Gott mit ihnen ist. Er spricht: Ererbt das Reich! Das Reich ist das Königreich, das Reich Gottes. Jesus spricht von der Gottesherrschaft, die sich bereits gegenwärtig realisiert. Er spricht: Das Reich ist euch bereitet von Anbeginn der Welt. Der Anbeginn ist die Grundlegung der Schöpfung. Die Welt meint die Gesamtheit des Geschaffenen, den gesamten Kosmos. Er spricht: Ich bin hungrig gewesen. Hungrig sein meint nicht nur den Hunger des Magens, sondern den Bedarf des ganzen Menschen, der gesättigt werden will. Hungersnot leidet jemand, der erschöpft und ermattet ist. Er spricht: Ihr habt mir zu essen gegeben. Zu essen geben meint daher auch nicht eine einfache Fütterung, sondern eine Kräftigung und Stärkung, die über die Erhaltung des physischen Lebens hinausgeht. Stillung von Hunger ist eine Liebestätigkeit und zählt zu den Werken der Barmherzigkeit. Er spricht: Ich bin durstig gewesen. Ebenso meint durstig sein nicht nur den leiblichen Mangels und das Entbehren, sondern dehnt sich auch auf geistiges und seelisches Leben aus. Es bedeutet dürsten und schmachten, dürr, müde und erschöpft sein und ein leidenschaftliches Verlangen nach etwas, ohne das man nicht leben kann. Er spricht: Ihr habt mir zu trinken gegeben. Demzufolge bedeutet zu trinken geben auch nicht einfach nur tränken, sondern auch erquicken und laben. Das Vermögen, den Durst stillen zu können, wird auf Gott zurückgeführt. Es heißt, dass wenn man das Stillen des Durstes als selbstverständlich hinnimmt, man Gott vergessen hat. Er spricht: Ich bin ein Fremder gewesen. Der Fremde muss nicht nur ein Unbekannter sein, jemand, den man nicht kennt. Mit dem Fremden kann jeder gemeint sein, der auf irgendeine Weise ausgegrenzt und abgewehrt wird, der gemieden wird und der Willkür der anderen ausgeliefert ist. Er spricht: Ihr habt mich aufgenommen. Mit der Aufnahme ist nicht nur eine kurzfristige Gastfreundschaft gemeint, es beinhaltet auch jegliche Art des Annehmens und Akzeptierens eines Anderen. Er spricht: Ich bin nackt gewesen. Das Nackt-Sein beschränkt sich nicht nur auf die Kleiderlosigkeit. Es ist Ausdruck äußerster Hilflosigkeit und des Ausgeliefertseins. Verurteilten wurden die Kleider vom Leibe gerissen. Beschimpften wurden die Kleider abgeschnitten. Wer nackt ist, erleidet bittere Entbehrung. Er spricht: Ihr habt mich gekleidet. Dieses Kleiden meint nicht nur das Bekleiden mit Stoffgewebe, sondern vielmehr ein in Schutz nehmen, schützen und bewahren. Das Jemandem wieder zu seinem Recht verhelfen und aufrichten. Er spricht: Ich bin krank gewesen. Mit Kranksein ist nicht nur eine körperliche Schwäche gemeint, sondern die gesamte Hinfälligkeit der menschlichen Natur. Es kann auch politische, wirtschaftliche oder gesellschaftliche Einflusslosigkeit, Armut und Unansehnlichkeit bedeuten. Er spricht: Ihr habt mich besucht. Besuch meint keine Inspektion im Sinne von Überwachung und Überprüfung, sondern vielmehr eine fürsorgliche Zuwendung, ein sich Kümmern um und ein hinwendungsvolles Achten auf jemanden. Er spricht: Ich bin im Gefängnis gewesen. Mit dem Gefängnis sind nicht nur die Mauern und Gitterstäbe eines physisch Inhaftierten gemeint, sondern jegliche Art von Eingesperrtsein und sich gefangen fühlen. Er spricht: Ihr seid zu mir gekommen. Damit ist nicht nur der Kurzbesuch in den Gefängnistrakt gemeint, sondern jeglicher Versuch des sich Annäherns und Hinzutretens, des Nahens und Sich-Zuwendens.

Dann werden ihm die Gerechten antworten. Die Gerechten sind die durch Gott Gerechtfertigten, die von Gott Zurechtgewiesenen, diejenigen, die sich an Gott ausrichten lassen. Die Gerechten werden sagen: Herr, wann? Sie wissen es nicht einmal und können sich nicht erinnern. Der König wird antworten: Wahrlich! Er beteuert: Gewiss, Amen! Nun beginnt eine feierliche Erklärung. Der König wird zu ihnen sagen: Was ihr getan habt einem von diesen meinen geringsten Brüdern, das habt ihr mir getan. Mit dem Geringsten ist das Allerkleinste, Allergeringste, Allerwenigste gemeint, der Allermickrigste. Mit den Brüdern sind nicht nur leibliche Brüder oder Blutsverwandte gemeint, sondern jeder Mitmensch, und sei es auch der Geringste. Zu denen zur Linken wird er sagen: Geht weg von mir, ihr Verfluchten! Die Redlichkeit derer zur Linken wird stark angezweifelt. Sie sind verwunschen, und durch den Gebrauch von Worten geschädigt. Sie werden in die Gottesferne verbannt. Er sagt: Geht in das ewige Feuer! Mit Ewigkeit ist hier die gelebte und erlebte Zeit gemeint. Das Feuer ist unberechenbar, aber von reinigender und läuternder Kraft. Mit dem ewigen Feuer können aber auch höllische Gewissensbisse gemeint sein. Er sagt: Geht in das Feuer, das dem Teufel und seinen Engeln bereitet ist! Der Teufel meint hier den, der als Verleumder und Widersacher auftritt und alles boshaft durcheinanderwirft und auseinanderbringt. Der, der anklagt, Vorwürfe macht, verleumdet, falsch darstellt und täuscht. Sie werden sagen: Wann haben wir dir nicht gedient? Sie verstehen nicht, was sie falsch gemacht haben. Das Dienen meint hier den Gegensatz zum Herrschen, die Demut des Niederen im Unterschied zum Hochmut des Höheren. Und sie werden hingehen zur ewigen Strafe. Strafe meint hier die göttliche Strafe, Züchtigung und Zurechtweisung. Und die Gerechten werden gehen in das ewige Leben. Das ewige Leben meint die Gottesgabe und Gottesgemeinschaft, das Leben, wie Gott es vorgesehen hat.

Mir scheint, der gesamte Text dient als Antwort Jesu auf die Frage der Jünger: „Woran erkennen wir, dass du wiederkommst?" Die Antwort lautet: Ich bin mitten unter euch! Ihr begegnet mir in eurem Nächsten, in eurem Bruder, in eurer Schwester. Ihr begegnet mir im Angesicht eures Mitmenschen, unabhängig von seiner Erscheinung, seiner Kleidung, seinem sozialen Rang. Ja, gerade im aller Geringsten begegne ich euch! Ich bin der, der hungert und der Durst hat. Ich bin der, der fremd und nackt ist. Ich bin krank und gefangen. Wenn ihr wollt, dass ich wiederkomme und unter euch bin, dann seht doch hin, erkennt mich doch endlich: Ich bin es! Liebe deinen Nächsten wie dich selbst, und du hast mich geliebt.

Amen.

(12) Vorletzter Sonntag des Kirchenjahres[69]: Lukas 16,1-9: Vom ungetreuen Haushalter

Er [Jesus] sprach aber auch zu den Jüngern: Es war ein reicher Mann, der hatte einen Verwalter; der wurde bei ihm beschuldigt, er verschleudere ihm seinen Besitz. Und er ließ ihn rufen und sprach zu ihm: Was höre ich da von dir? Gib Rechenschaft über deine Verwaltung; denn du kannst hinfort nicht Verwalter sein. Der Verwalter sprach bei sich selbst: Was soll ich tun? Mein Herr nimmt mir das Amt; graben kann ich nicht, auch schäme ich mich zu betteln. Ich weiß, was ich tun will, damit sie mich in ihre Häuser aufnehmen, wenn ich von dem Amt abgesetzt werde. Und er rief zu sich die Schuldner seines Herrn, einen jeden für sich, und fragte den ersten: Wieviel bist du meinem Herrn schuldig? Er sprach: Hundert Eimer Öl. Und er sprach zu ihm: Nimm deinen Schuldschein, setz dich hin und schreib flugs fünfzig. Danach fragte er den zweiten: Du aber, wieviel bist du schuldig? Er sprach: Hundert Sack Weizen. Und er sprach zu ihm: Nimm deinen Schuldschein und schreib achtzig. Und der Herr lobte den ungetreuen Verwalter, weil er klug gehandelt hatte; denn die Kinder dieser Welt sind unter ihresgleichen klüger als die Kinder des Lichts. Und ich sage euch: Macht euch Freunde mit dem ungerechten Mammon, damit, wenn er zu Ende geht, sie euch aufnehmen in die ewigen Hütten.[70]

Gnade sei mit uns und Friede von Gott unserm Vater und unserm Herrn Jesus Christus! Amen.

Liebe Gemeinde.

[69] (13.11.2005)

[70] Lutherbibel, revidierter Text 1984, durchgesehene Ausgabe, © 1999 Deutsche Bibelgesellschaft, Stuttgart.

Heute feiern wir den „Partnerschaftssonntag". Dazu sind Sie alle im Anschluss an diesen Gottesdienst recht herzlich zum Imbiss eingeladen, an den sich dann die Vorstellung der einzelnen Partnerschaftsprojekte anschließen wird. Nun stellte sich mir die Frage, was hat der Sonntag der „Partnerschaften" mit dem heutigen Predigttext zu tun, bzw. inwiefern hängen Partnerschaft und die Botschaft des heutigen Sonntags zusammen? Hier, in der Kirchengemeinde A./S., engagieren sich Menschen ehrenamtlich für die Unterstützung hilfsbedürftiger Menschen im polnischen A./O. und die gesellschaftliche Integration von Waisenkindern im russischen P., nahe dem ostpreußischen K./K., für die Schulspeisung von Kindern der bedürftigsten Familien im russisch-ostpreußischen G./G., für die Wiederansiedelung der Kriegsheimkehrer im bosnischen J., für die Versöhnung von serbischen, kroatischen, bosnischen, slowakischen, ungarischen und albanischen Kindern und Jugendlichen im serbischen B., für die Versorgung von Waisen, alten, kranken, behinderten und hilflosen Menschen in Bulgarien, für die Errichtung eines Waisenhauses für Tsunami-Opfer im südindischen K., für die Unterbringung und Verpflegung der Flüchtlinge im kongolesischen K., für die Berufsausbildung von blinden und sehbehinderten südafrikanischen Menschen rund um K., für die hiesige Integration von Asylanten aus Äthiopien, Eritrea, Zimbabwe, Guinea und aus dem Irak. Partnerschaften, die fast den gesamten Globus umspannen, sich zumindest aber über drei Kontinenten erstrecken: (Ost-)Europa, Asien, Afrika. Hier ist die Rede von diakonischer, weltumspannender Arbeit und Mildtätigkeit, die Überschrift des Predigttextes hingegen lautet: „Gleichnis vom unehrlichen Verwalter." Was sagt uns dieses Gleichnis am heutigen Partnerschaftssonntag, was vermag es uns mit-zu-teilen?

Ich wende mich dem Text zu: Zunächst fällt mir auf, dass nirgends konkret die Rede davon ist, ob und inwiefern der Verwalter tatsächlich unehrlich bzw. inwiefern er ein „Ökonom der Ungerechtigkeit", wie er in Vers 8 betitelt wird, ist. In Vers 1 ist lediglich die Rede davon, als „verschleudere" der Verwalter die Güter des reichen Herrn, beziehungsweise er werde dessen verdächtigt.

Über jenem Ökonomen schwebt nun also der Verdacht der Güterverschleuderung, das dürfte uns gerade auch heutzutage wieder bekannt vorkommen. Nun ist der Herr ein weiser Herr, denn er verurteilt seinen Angestellten nicht aufgrund eines vagen Verdachtes hin. Er will die Situation klären und lässt somit den Angestellten zu sich kommen beziehungsweise er ruft ihn. Er ruft ihn vor sich, er ruft ihm ins Gewissen hinein. Er stellt ihn zur Rede. Er verlangt Rechenschaft von ihm. „Was höre ich da über dich? Gib Rechenschaft von deiner Verwaltung! Denn so kannst du nicht mehr mein Verwalter sein!" So kann es nicht mehr weitergehen!

(Die Geschichte erinnert mich ein wenig an die Erzählung des Weihnachtsmärchens von „Ebeneezer Scrooge", dem Geizhals, für den Weihnachten nur Humbug ist, für den das Leben nur darin besteht, den eigenen Reichtum zu vermehren. Erst als ihm die Konsequenz seines eigenen Daseins eröffnet wird, dass er nämlich in großer Einsamkeit sein Leben fristet, stirbt und begraben werden soll, vermag er sein Herz zu öffnen und seinen Mitmenschen gnädiger zu begegnen. Er ändert sein Leben und gewinnt Freunde. Er öffnet sein Herz wie seinen Geldtresor und lernt ganz neu, was es heißt, im Leben nicht nur zu nehmen, zu raffen und zu horten, sondern zu geben, zu spenden, zu verschenken. Doch gerade das war ja der Vorwurf an den Verwalter, er verschleudere die Güter des Herrn. Wie ist das zu verstehen? Er gehe nicht verantwortungsvoll mit dem Besitz seines Herrn um. Er verschwende den Reichtum des Herrn. Er lebe in Saus und Braus, in Hülle und Fülle, er schere sich nicht um Angemessenheit und Maßstab. Er habe das rechte Maß aus den Augen verloren. So, dass erst der Ruf seines Herrn, ihm zur Besinnung verhelfe. Und so besinnt er sich denn und lernt sein Verhalten zu ändern.)

In der nächsten Szene werden wir nun Zeuge des inneren Monologes des zur Rede gestellten Verwalters. Als erstes erkennt er seine Situation als eine ausweglose an. Ganz offen stellt er die notwendige Frage: „Was soll ich tun?" Der Ruf seines Herrn zeigt ihm die Sackgassen-Lage seines Daseins auf: So, wie bisher, kann es nicht weitergehen. Irgendetwas muss sich ändern. Doch was? Die Konsequenz dessen, falls er nichts ändern sollte, ist ihm klar vor Augen: „Mein Herr wird mir das Amt nehmen!“ Was also kann er tun, um dieser Konsequenz zu entgehen? Weiterhin überlegt er, welche Alternativen ihm bleiben. Sollte ihm das Amt entzogen werden, dann bleibt ihm nicht viel übrig. Dann müsste er ohne die Güter des reichen Herrn auskommen, dann müsste er aus eigenen Kräften leben. Er müßte „graben“ gehen, vielleicht tief in der Erde graben, um zu entdecken, wovon er leben kann, zumindest hart arbeiten, um sein Brot zu verdienen, im Schweiße seines Angesichts auf dem Akker leben. Das traut er sich nicht zu beziehungsweise er erkennt die Unmöglichkeit dessen. Dazu hat er viel zu lange von den Gütern des Herrn gelebt, als dass er plötzlich auf seine eigenen Kräfte zurückgeworfen werden könnte. Vermag er schon nicht, für sich selbst zu sorgen, so wäre er auf die mildtätige Hilfe der anderen angewiesen, er müsste bitten und betteln. Da steht ihm seine eigene Scham im Wege. Er, der bislang großspurig nur für sich gehaust hat, müsste sich deutlich erniedrigen, um bettelnderweise etwas abzubekommen von dem wenigen, was er anderen zuerkennt. Vielleicht würde sich sogar seine Großspurigkeit, seine Verschleuderungssucht an ihm rächen, indem die, die bislang nie etwas von ihm abbekamen, ihm nun auch nichts gönnen und ihn elendig verrecken lassen. Nein, in diese Notlage mag er sich nicht hinein begeben, dazu ist sein Stolz noch zu groß. Eine allerletzte Möglichkeit fällt ihm ein, eine, bei der er weder graben noch betteln gehen muss. Eine dritte Alternative tut sich ihm als letztes auf. Er begehrt, „in ihre Häuser“ aufgenommen zu werden, für den Fall, dass er vom Amt abgesetzt werden soll. Er will, wie es Vers 9 formuliert ist, aufgenommen werden „in die ewigen Wohnungen“. Plötzlich eröffnet sich ihm eine neue Dimension, nachdem er die Ausweglosigkeit der bisherigen Lebensweise erkannt hat. Er durchschaut die Eindimensionalität seiner bisherigen Lebensanschauung und gewinnt plötzlich Einsicht, erhält Durchblick. Ihm tun sich die Augen auf. Er hat einen lichten Moment.

Wie ein Theaterstück untergliedert Jesus seinen Jüngern das Gleichnis: Zuerst erfolgt - nach der anfänglichen Einleitung - zur Eröffnung der Geschichte die Vorstellung der Hauptpersonen, der Akteure, als da sind: der reiche Herr und der verdächtigte Verwalter. Die Geschichte selbst setzt sich inhaltlich aus drei einzelnen Szenen zusammen: a) einer ersten Begegnung zwischen dem reichen Mann und seinem Verwalter, b) dem gedanklichen „Monolog" des Verwalters und c) dem zweifachen Schuldenerlass. A) In der ersten Szene begegnen sich die beiden Hauptakteure nach erfolgtem Ruf, einer Aufforderung zur Rechenschaft beziehungsweise der Ankündigung der Kündigung. B) In der zweiten Szene nehmen wir Teil an dem Monolog der Hauptfigur, in welchem wir uns Schritt für Schritt, uns mit ihr identifizierend, wiedererkennen können von der Erkenntnis der Notsituation, über die Suche nach möglichen Auswegen, bis hin zum unerwarteten plötzlichen Einfall. C) Erst die dritte Szene eröffnet uns gleich zweifach, worin die einhellige Idee des Ökonomen wohl bestanden haben mag. Wiederholt werden wir Zeuge eines Schuldenerlasses. Andere Personen kommen ins Spiel, nicht mehr nur die Stimme des Herrn, von der wir nur den Ruf vernehmen, wie eine Stimme aus dem „Off" bzw. die Figur des kalkulierenden Verwalters, zwei exemplarische Schuldner des Herrn treten auf die Bühne. Dem einen erlässt der Verwalter die Hälfte des Öls, dem zweiten wird ein Fünftel vom Weizen erlassen. Hierauf wird der Verwalter von seinem Herrn gelobt aufgrund seines klugen Handelns. Schlussendlich erfolgen noch eine weisheitliche Begründung und ein (pseudo-)weisheitlicher Ratschlag.

Ob dem Verwalter schließlich überhaupt noch gekündigt werden wird und wenn ja, wann, erfahren wir in der Kürze der Geschichte nicht. Worin nun genau die Klugheit des Verwalters liegt, bleibt ebenfalls unserer Spekulation überlassen. Sei es, dass er den kurzen Moment, der ihm zur Rechenschaft gegeben wurde, noch innerhalb seiner Amtszeit zu nutzen weiß, um sich aus der ausweglosen Situation hinaus zu manövrieren; sei es, dass sie darin besteht, dass er erstmals nicht nur an sich allein und seine Güterverschleuderung denkt, sondern sich seinen Mitmenschen zuwendet, um sich für ihre Ent-schuld(ig)ung, ihren Schulden-Erlass einzusetzen. Sodass ihm, gemäß dem Motto (Matthäus 25, Vers 40 b):

[...] Was ihr getan habt einem von diesen meinen geringsten Brüdern [ich ergänze: und Schwestern], das habt ihr mir getan.[71]

der Einlass in „ihre [der Heiligen] Hütten", die Aufnahme „in die ewigen Wohnungen [Gottes]" gnädig gestattet wird.
Und somit sind wir wieder bei dem Anlass unseres heutigen Partnerschaftssonntages angelangt, der ja genau dazu dienen soll, uns „in uns selbst verkrümmte" Menschen, die wir dazu neigen, uns ununterbrochen um uns selbst zu drehen, um unsere individuellen Nöte, politischen Sachverhalte, finanziellen Einsparmaßnahmen, unseren Wehwehchen und Sorgen, von denen jede/r von uns, ohne Frage, „an ihrem/seinem Kreuze" zu tragen hat, eben uns daran zu erinnern, dass wir nicht die einzigen Akteure in unserem Theaterspiel sind. Der Ruf des Herrn ereilt auch uns und fordert uns zu unserer ganz persönlichen Rechenschaft, stellt uns manches Mal in die Notlage hinein mit den Worten: „Was höre ich von dir? So kann das nicht weitergehen! Gib Rechenschaft von deiner Verwaltung! So, kannst du nicht mehr mein Verwalter sein!" Auf dass wir einander helfen können, die Schulden zu erlassen, wie auch Gott bereit sein will, uns unsere Schulden zu vergeben. So, wie wir jeden Sonntag im Vater unser erneut beten (Matthäus 6,12):

Und vergib uns unsere Schuld, wie auch wir vergeben unsern Schuldigern.[72]

[71] Lutherbibel, revidierter Text 1984, durchgesehene Ausgabe, © 1999 Deutsche Bibelgesellschaft, Stuttgart.
[72] Lutherbibel, revidierter Text 1984, durchgesehene Ausgabe, © 1999 Deutsche Bibelgesellschaft, Stuttgart.

Somit können auch wir einen Blickwechsel wagen, weg von der Bühne unserer „west-europäisch-konsumorientierten“ Standards, in Gegenden, wo es Kindern an elementaren Überlebensmöglichkeiten mangelt, wo Menschen von Kriegswirren bedroht, ums nackte Überleben bangen, wo Naturkatastrophen unbarmherzig zuschlagen und Menschenopfer fordern, Familien auseinanderreißen, in die Isolation treiben, wo fanatische Machtkämpfe toben und Menschen unmenschlich mißbraucht werden, gar in den Tod gerissen, abgeschlachtet, vernichtet werden. Überall da, wo die bloße Rede von Nächstenliebe wie blanker Zynismus klingt, wie herablassende mildtätige Beschwichtigung, brauchen konkrete Menschen konkret spürbare Zuwendung, so, wie den beiden Schuldnern des Herrn ganz konkret fünfzig Eimer Öl erlassen, das heißt geschenkt werden, beziehungsweise zwanzig Sack Weizen. Was in unseren Ohren banal und simpel klingen mag, bedeutet andern Orts die Frage nach Tod oder Leben. Darum handeln wir am besten noch so lange, wie uns unser überaus reicher Herr mit der Verwaltung seiner Güter betraut.

Und der Friede Gottes, der höher ist als all unsere menschliche Vernunft, der bewahre unsere Herzen und Sinne in Christus Jesus. Amen.

Printed by Books on Demand GmbH, Norderstedt / Germany